NEUKIRCHENER

D1869852

Rainer Albertz

Zorn über das Unrecht

Vom Glauben, der verändern will

Neukirchener

© 1996
Neukirchener Verlag
Verlagsgesellschaft des Erziehungsvereins mbH
Neukirchen-Vluyn
Alle Rechte vorbehalten
Umschlaggestaltung: Hartmut Namislow
Gesamtherstellung: Breklumer Druckerei Manfred Siegel KG
Printed in Germany
ISBN 3-7887-1578-2

Die Deutsche Bibliothek – CIP Einheitsaufnahme

Albertz, Rainer:
Zorn über das Unrecht: vom Glauben, der verändern will /
Rainer Albertz. – Neukirchen-Vluyn: Neukirchener, 1996
ISBN 3-7887-1578-2

Vorwort

»Als ich aber ihr Schreien und diese Worte hörte, wurde ich sehr zornig!« So reagierte Nehemia, nachdem sich die kleinen Landwirte bei ihm bitterlich darüber beschwert hatten, daß sie, durch Mißernten und die persische Steuerlast in die Mühle der Verschuldung geraten, gnadenlos in den Ruin getrieben würden. Aus solchem Zorn heraus griff Nehemia zugunsten der Kleinbauern ein, stellte die wohlhabenden Kreditgeber zur Rede und rang ihnen – auch durch sein Vorbild – einen totalen Schuldenerlaß ab (Neh 5,1–13).
Zorn mag in vielen Fällen »ein schlechter Ratgeber« sein, er ist aber – wie das biblische Beispiel zeigt – im besonderen Fall, wenn Menschen unter der gefühllosen Gewalt wirtschaftlicher und rechtlicher Strukturen zu zerbrechen drohen, die angemessene Reaktion. Der Zorn über das Unrecht, das andere erleiden, ist für den, der in gesicherten Verhältnissen lebt, nahezu die einzige Möglichkeit, das menschliche Elend an sich heranzulassen, sich vom Unrecht, von dem er häufig selbst profitiert, zu distanzieren und in den zerstörerischen Mechanismus struktureller Gewalt einzugreifen.
Mir jedenfalls, der ich als Hochschullehrer in einer gesicherten und nicht ganz einflußlosen Position lebe und mich zwölf Jahre in einer christlichen Friedens- und Flüchtlingsbetreuungsgruppe engagiert habe, ist das Beispiel Nehemias immer wieder wichtig geworden. Der leidenschaftlich zornige Ausruf: »Das kann doch nicht wahr sein!« war, wenn wir wieder einmal von einem Fall eklatanten Unrechts erfuhren, oft Ausgangspunkt für unsere Aktionen und für mich der Anstoß, theologisch nachzudenken und die Bibel zu befragen.

Dieses Buch, in dem Vorträge, Bibelarbeiten und eine Predigt aus den Jahren 1991–95 gesammelt sind, gibt Auskunft über Ergebnisse dieses Nachdenkens:
In den ersten beiden Beiträgen setze ich mich mit dem Problem auseinander, warum die Bibel, die in solcher Eindeutigkeit Gottes Eintreten für die Unterdrückten und Entrechteten bezeugt, bei uns Christen heute sowenig Gehör findet. Macht uns unser Reichtum, den wir als deutsche Mittel- und Oberschichtschristen angesammelt haben, für die Bibel blind? Oder führen wir sogar Scheinkriege um das rechte Schriftverständnis, um uns ihre störende Botschaft vom Leibe zu halten?
Mi 6,1–8 konfrontiert uns mit der Frage, was Gott von uns will: fromme Demütigung bis zur Selbstaufgabe oder aufrechte Partnerschaft mit ihm bei der Schaffung gerechterer Zustände? Der Vortrag »Schöpfungsmythos und Umweltethik« macht einen Vorschlag, wie christliches Eintreten für Gerechtigkeit auch die außermenschliche Kreatur umgreifen könnte. Der Aufsatz über den Segen Gottes setzt sich damit auseinander, daß Wohlstand und Glück Gaben Gottes sind, die nicht miesgemacht werden dürfen, dem Segen jedoch auch ein gefährliches Konfliktpotential innewohnt, das einen vor Gott verantworteten Umgang mit ihm erfordert.
Die Bibelarbeit über Ps 17 möchte angesichts der aktuellen Herausforderung, die die staatliche Flüchtlingspolitik für die Kirchen darstellt, eine biblisch-theologische Begründung des Kirchenasyls entwickeln. Die Predigt über Ps 94 bezeugt die Anfechtung, in die ein Christ, der gegen das Unrecht angeht, geraten kann, aber auch den Beistand Gottes, den er dabei wunderbar erfährt.
Da alle Texte aus der praktischen Arbeit erwachsen sind, atmen sie das Milieu des Siegerlandes, in dem das Wort Gottes noch etwas gilt. Das mag nicht mehr in allen deutschen Landen so sein. Aber Christinnen und Christen, die sich für Gottes Gerechtigkeit einsetzen und dabei Orientierung, Trost und Stärkung aus der Bibel erwarten, gibt es überall. Für sie ist dieses Buch gedacht.

Hilchenbach, Reminiscere 1996 Rainer Albertz

Inhalt

Macht Reichtum blind?

Von der Schwierigkeit, als Wohlstandsbürger die Bibel zu lesen*

Die Bibel hat es schwer, bei uns Gehör zu finden, auch im Jahr der Bibel und auch im vergleichsweise frommen Siegerland.
Über die Gründe dafür ist gerade in diesem Jahr viel debattiert worden; ich will nur einige nennen: Die Bibel hat in unserer Mediengesellschaft gewaltige Konkurrenz bekommen. Die Zeiten, als sie neben Gesangbuch und Katechismus »das Buch« der evangelischen Haushalte darstellte, sind längst vorbei. Eine Flut von bewegenden, zerstreuenden und lehrreichen Büchern beansprucht, sofern wir überhaupt noch lesen, unser Interesse, ja, wenn ich an meinen Besuch der Buchmesse denke, erdrückt uns förmlich. Doch auch diese Bücher werden durch die modernen elektronischen Medien zunehmend an den Rand gedrängt: Die faszinierende Bilderwelt des Fernsehens, die uns – zu jeder Zeit verfügbar – ins Haus flimmert, läßt die Fähigkeit des Lesens und damit die Bereitschaft, sich sensibel und phantasiestiftend auf andere Menschen, Gedanken und Welten einzulassen, immer mehr verkümmern. Die verknappte Zeit zwischen Berufsarbeit und diversen Freizeitverpflichtungen tut ihr übriges dazu, daß die Bibellektüre im Mediengedränge kaum noch einen Mußeplatz findet. Selbst in bewußt christlichen Familien sind die altüberlieferten Rituale des täglichen Bibellesens bei morgendlichen oder abendlichen Andachten eingeschlafen oder zum bloßen Lesen der Losung verkümmert. So beschränkt sich auch bei ihnen die Bibelkenntnis auf die wenigen ausgewählten Texte, die in den

* Gemeindevortrag zum Jahr der Bibel 1992.

Losungen, in der gottesdienstlichen Lesung und in der Predigt vorkommen. Die Zusammenhänge sind meist nur noch ganz rudimentär aus Erinnerungen an Religions- und Konfirmandenunterricht bekannt.
Neben diesen strukturellen Hindernissen, die uns Bürgern einer modernen Industriegesellschaft das Bibellesen erschweren, lassen sich nun noch einige spezifische benennen, die es mit der Eigenart dieses Buches zu tun haben. Viele Christen, besonders die jüngeren, klagen, daß die Lektüre der Bibel so schwer sei; sie spreche eine altertümliche Sprache und handle von einer fremden, längst vergangenen Welt. Es ist sicher wahr, daß ein Buch, das eine ganze Bibliothek von Schriften enthält, die über einen Zeitraum von mehr als 1000 Jahren entstanden sind und in denen sich Hunderte von biblischen Zeugen zu Wort melden, schwieriger zu lesen ist als ein griffiger moderner Roman. Doch möchte ich angesichts der vielen guten und auch modernen Übersetzungen, zum Teil hervorragender Bibelkunden und Einführungsbücher und ständiger helfender Bibelstunden in den Gemeinden fragen, ob damit schon die wirklichen Hinderungsgründe benannt sind. Fremdheit ist nur Folge mangelnder Vertrautheit, die sich – trotz der oben genannten strukturellen Schwierigkeiten – beheben ließe, wenn Interesse vorhanden wäre. Aber ist ein solches wirklich noch vorhanden? Erwarten wir von der Bibel noch etwas, daß es lohnte, Arbeit in ihr Verständnis zu investieren?
Nun gibt es daneben gerade hier im Siegerland auch noch starke Gruppen von Christen, die sehr viel von der Bibel halten. Sie lesen häufig in ihr und treffen sich regelmäßig zu Bibelarbeiten. Sie beharren darauf, daß die Bibel Satz für Satz direkt das Wort Gottes sei, ihre Geschichten nicht nur wahr seien, sondern sich auch historisch so abgespielt haben müssen. Und sie verwenden ihre ganze Glaubenskraft darauf, eigene Zweifel und kritische Fragen niederzukämpfen. Doch – ohne ihr Anliegen eines ernsthaften Umgangs mit der Bibel in Frage stellen zu wollen – möchte ich auch hier fragen, ob eine solche künstliche Erschwerung des Zu-

gangs der Bibel wirklich nützt. Wird sie dadurch nicht in einen goldenen Käfig gesperrt? Ja, dient das Hochhalten der formalen Autorität der Bibel nicht sogar dazu, sich ihre kritischen sachlichen Anfragen vom Leibe zu halten? Ich habe es jedenfalls mehrmals in solchen Kreisen erlebt, daß ihre Teilnehmer immer schon wußten, was in der Bibel stehen könne, nämlich nur das, was ihrer – meist konservativen – Privatdogmatik entsprach, dagegen die Aussagen eines Bibeltextes, die sie in ihrer bürgerlichen Existenz hätten in Frage stellen können, gar nicht mehr zur Kenntnis genommen wurden. Wirklich Neues, was das eigene Leben weiterbringt und verändert, wurde auch hier nicht mehr aus der Bibellektüre erwartet. Ist es da ein Wunder, daß junge Menschen solch ein frommes Selbstbestätigungsspiel langweilig finden und den Bibelkreisen zunehmend fernbleiben?

Ich meine, daß ein solches Distanzieren von der Bibel, sei es nun in seiner intellektuellen oder in seiner frommen Variante, tiefere Ursachen hat, die mit unserer relativ gesicherten materiellen und politischen Situation in Mitteleuropa zu tun haben. Ein erster Beleg dafür ist für mich die völlig andere Situation in den Kirchen der Dritten Welt. Dort wird in vielen Gemeinden und Kreisen die Bibel mit einer Inbrunst gelesen und ins Leben einbezogen, die uns nur neidisch machen kann. Die Kleinbauern, Gelegenheitsarbeiter und arbeitslosen Slumbewohner der lateinamerikanischen Basisgemeinden etwa haben, obwohl intellektuell weit weniger vorgebildet als wir, überhaupt keine Probleme mit dem Zugang zur Bibel. Sie lesen die Schöpfungsgeschichte und verstehen: Ich habe als Geschöpf Gottes eine Würde, die mir auch in meiner Erniedrigung niemand nehmen kann. Sie lesen die Geschichte von der Befreiung Israels aus der ägyptischen Sklaverei und verstehen: Gott wendet sich uns Entrechteten zu und wird uns in die Freiheit führen. Und sie lesen die Geschichte Jesu und verstehen: Gott nimmt selbst Anteil an unserem Leid, um uns ein neues Leben in Gerechtigkeit und Liebe zu eröffnen. Das Verständnis der biblischen Geschichte ist

hier ganz unmittelbar und existentiell; es bedarf keiner schwierigen Erklärungen, und es erweckt die Menschen aus der Lethargie ihrer armseligen Existenz und ermutigt sie, für deren Überwindung zu kämpfen.
Es liegt auf der Hand, daß uns europäischen Mittel- und Oberschichtchristen, die wir weder entwürdigt und entrechtet noch unterdrückt sind, ein solch unmittelbarer Lebensbezug auf wesentliche Teile der biblischen Botschaft verstellt ist. Gott sei Dank garantiert uns unsere Verfassung unsere Würde und unsere Freiheit, wir brauchen uns dazu nicht mehr auf die Bibel berufen. Wir haben uns einen gediegenen Wohlstand geschaffen, der uns Sicherheit in den meisten Wechselfällen des Lebens bietet, wir können darum auf Gottes Anteilnahme auch verzichten. Und wir sind darauf bedacht, daß es möglichst dabei bleibt und niemand uns etwas wegnimmt, darum sind uns revolutionäre Vorgänge, wie sie der Gott Israels in Ägypten angezettelt hat, eher suspekt, und die Verheißung seines Reiches der Gerechtigkeit und Liebe hat für uns seine ganz große Faszination verloren. Natürlich, hier und da ein wenig Trost und Stärkung, aber was erwarten wir darüber hinaus noch von Gott und von der Bibel?

These 1:
Es ist in erheblichem Ausmaß unsere materielle Sicherheit, die uns blind für die Bibel macht.
Dazu einige Erläuterungen und Beispiele: Die biblischen Menschen und Zeugen waren keine wohlhabenden Bürger, die wie wir in gesicherten Verhältnissen lebten, sondern oft sogenannte *kleine Leute*: Die Ahnväter Abraham, Isaak und Jakob waren Kleinviehhirten und zeitweise Wirtschaftsasylanten, die frühen Israeliten geflohene Fronarbeiter und entlaufene Bauern, politische Flüchtlinge also, die sich dem Zugriff staatlicher Macht entzogen, indem sie das macchiaüberwucherte Bergland Palästinas urbar machten und kleine dörfliche Siedlungen anlegten. Man muß die Grundrisse dieser eisenzeitlichen Häuschen einmal gesehen haben: Keine 10 qm war der Wohn- und Schlafraum der ganzen Fa-

milie groß, hinzu kamen noch ein bescheidener Stall und Schuppen. Das ganze Inventar beschränkte sich auf einige Töpfe, Krüge und Vorratsbehälter aus Ton, Reibesteine zum Mahlen der täglichen Mehlration und primitive Ackergeräte und Werkzeuge. Ein Lebensstandard also wie in den ärmsten der heutigen Entwicklungsländer. Mit der Errichtung des Königtums entwickelte sich auch in Israel eine Schicht von vergleichsweise wohlhabenden Großgrundbesitzern, Militärs, Beamten und Kaufleuten, die die traditionellen Kleinbauern unterdrückten und ausbeuteten; aber selbst sie waren vor Verarmung nicht gefeit, wie das Beispiel des reichen Hiob zeigt, waren Opfer der politischen Katastrophen, etwa als Hauptbetroffene der Deportationen ins Exil. Ganz arme Leute waren etwa die Menschen, die sich um den Propheten Elisa scharten, spätere eschatologische Zirkel und Psalmenbeter; aus ärmlichen Verhältnissen stammte auch Jesus und fand unter kleinen Leuten vom unteren Rand der Gesellschaft seine ersten Jünger. Erst in den hellenistischen Städten erreichte die christliche Botschaft auch Angehörige höherer Schichten.
Diesen hier nur ganz grob skizzierten sozialgeschichtlichen Hintergrund muß man sich einfach einmal klarmachen. Viele Texte der Bibel sprechen von den Nöten, Ängsten, Hoffnungen und Kämpfen dieser unterprivilegierten Menschen. Und natürlich sind auch die Erfahrungen, die sie dabei mit Gott gemacht haben, auf diese mühselige Existenz bezogen. Deswegen ist soviel von Rettungen und Befreiungen Gottes in der Bibel die Rede, durchzieht sie der Jubel über Gottes Wundertaten wie ein roter Faden.
Nehmen wir doch einmal eine Wundergeschichte heraus (2Kön 6,1–7):

(1) Die Prophetenjünger sprachen zu Elisa: Siehe der Raum, wo wir vor dir wohnen, ist uns zu eng.
(2) Laß uns an den Jordan gehen, und ein jeder von uns soll dort einen Stamm holen, damit wir uns eine Stätte bauen, wo wir wohnen können. Er sprach: Geht hin!

(3) Und einer sprach: Geh doch mit deinen Knechten!
Er sprach: Ich will mitgehen.
(4) Und er ging mit ihnen. Und als sie an den Jordan kamen,
hieben sie Bäume um.
(5) Und als einer einen Stamm fällte, fiel ihm die Axt ins Was-
ser. Und er schrie: O weh, mein Herr! Sie war doch entliehen!
(6) Aber der Mann Gottes sprach: Wo ist sie hingefallen?
Und als er ihm die Stelle zeigte, schnitt er einen Stock ab und
warf ihn dahin. Da schwamm das Eisen.
(7) Und der sprach: Heb's auf!
Da streckte er seine Hand aus und ergriff es.

Wenn wir diese Geschichte mit den Augen eines Wohlstandsbürgers des 20. Jahrhunderts lesen, dann müssen wir sie fast notwendig mißverstehen: Der Verlust eines Axtblattes bei der Arbeit ist für uns eine Lappalie; was soll's, wenn man es nicht wiederholen kann, kauft man eben ein neues. Da uns die Sache unerheblich erscheint, konzentrieren wir als aufgeklärte Mitteleuropäer unser Interesse auf einen ganz anderen Punkt des Textes: wie das Wunder geschehen konnte. Wir beklagen entweder die Schwierigkeit, die der Text uns zumutet: eine mysteriöse Aufhebung der Schwerkraft, und so etwas steht nun in der Bibel! Oder wir bestehen krampfhaft darauf, daß dieses Wunder übernatürlich sei, und wir das eben zu glauben haben. Das Opfern unseres Verstandes, eben das ist es, was Gott von uns verlangt.

Aus der Sicht der bettelarmen Prophetenjünger um Elisa, die diese Geschichte aufschrieben, stellte sich die Sache ganz anders dar: Für sie war der Verlust des kostbaren Werkzeugs eine existentielle Bedrohung. Überliefert ist der Aufschrei des Erschreckens: »Ach Herr, sie war doch geliehen!« Ein Mitglied der Jüngerschar drohte, da er die Axt nicht ersetzen konnte, in die Schuldsklaverei zu wandern, um über Jahre hin den Wertverlust abzuarbeiten. Das Entscheidende war, daß Elisa in der Kraft Gottes in einer scheinbar ausweglosen Situation dennoch die drohende Verelendung seines Jüngers abwenden konnte. Das Wunder des schwimmenden Eisens ist für Menschen, die materiell so bedroht sind,

ein Hoffnungssymbol, daß Gott ihnen in ihrem häufig aussichtslosen Alltagskampf doch noch eine unerwartete Überlebensmöglichkeit eröffnet. Auch wir werden solche Wundergeschichten nicht verstehen, wenn wir nicht die Selbstverständlichkeit unseres Wohlstandes hinterfragen, um uns in solche Menschen hineinzudenken, mit ihnen zu leiden und uns mit ihnen zu freuen.
Wenn wir aber die soziale Barriere erkannt haben, die uns von vielen Texten der Bibel trennt, stoßen wir als mitteleuropäische Wohlstandsbürger auf ein neues, noch ärgerlicheres Hindernis.

These 2:
Die Bibel stößt uns Wohlhabende häufig vor den Kopf.
Nach dem Lukasevangelium hält Jesus eine programmatische Antrittspredigt in der Synagoge von Nazareth (Lk 4,18f):

(18) Der Geist des Herrn ist auf mir,
weil er mich gesalbt hat,
um den Armen frohe Botschaft zu verkünden,
hat er mich gesandt,
(19) um den Gefangenen Befreiung zu verkünden
und den Blinden das Sehen,
um die Zerbrochenen freizulassen,
um ein Gnadenjahr des Herrn zu verkünden.

Nach diesen Worten zielt die Sendung Jesu durch Gott auf die Befreiung der Armen. Und wir Reiche müssen – verdutzt oder verärgert – zur Kenntnis nehmen, daß sich die frohe Botschaft Jesu erst einmal gar nicht auf uns bezieht. Natürlich ist bei uns in den reichen Ländern der Ersten Welt versucht worden, die Ärgerlichkeit dieses Bibeltextes gegen seinen klaren Wortsinn abzuschwächen. Wir wissen ja immer schon, was in der Bibel steht: Christus ist zur Rettung aller Menschen, egal ob arm oder reich, gekommen, also müsse man »arm« in unserem Text im übertragenen Sinn verstehen: Gemeint sei die Rettungsbedürftigkeit jedes Menschen vor Gott. Doch daß Jesus nach Lukas »arm« im wörtlichen, d.h.

sozialen Sinne verstanden hat, machen seine Seligpreisungen und Weherufe (Lk 6,20–26) deutlich:

(20) Selig seid ihr Armen,
denn euch gehört das Gottesreich.
(21) Selig seid ihr Hungernden,
denn ihr werdet gesättigt werden.
(24) Doch wehe, ihr Reichen,
denn ihr habt eure Tröstung schon empfangen.
(25) Wehe, ihr jetzt Satten,
denn ihr werdet hungern.

Das ist noch klarer und anstößiger: Das Heil für die Armen, das Jesus bringt, bedeutet für die Reichen Gericht.
Es ist für uns nicht ganz einfach, diese Provokation der Bibel auszuhalten. Ich kann mir vorstellen, daß Wohlstandsbürger, die auf der Suche nach Trost und Halt in der Bibel auf ein solches Wort stoßen, das Buch verärgert zuschlagen und sagen: Das lasse ich mir nicht bieten! Das Buch müßte verboten werden! Doch wir anderen, die so radikal nicht sein wollen, sollten uns hüten, uns an der Einsicht vorbeizumogeln, daß wir zu denen gehören, gegen die Gott in seiner gnädigen Zuwendung zu den Armen Partei ergreift. Denn die entschiedene Parteinahme Gottes *für* die Armen, Schwachen und an den Rand Gedrängten und *gegen* die Reichen, die sie ausbeuten und unterdrücken, begegnet keineswegs nur bei Lukas, sondern genauso bei den Propheten (Amos, Jesaja, Micha, Ezechiel) und in vielen Geboten und Gesetzen; sie ist ein Grundzug der biblischen Botschaft.
Sind mit dieser Parteinahme Gottes die Reichen von seiner Gnade ausgeschlossen? Lukas sagt nein, aber sie haben es schwerer, zu ihr zu gelangen: Dem reichen und durchaus frommen Jüngling, der fragt, wie er das ewige Leben ererben könne, sagt Jesus: »Verkaufe alles, was du hast, und gib's den Armen, so wirst du einen Schatz im Himmel haben!« (Lk 18,22) Doch davor schreckt er zurück, was Jesus mit seinem berühmten Wort vom »Kamel« oder besser vom »Tau«, das nicht durch ein Nadelöhr geht, kommentiert. Doch was dem

reichen Jüngling nicht gelingt, schafft ein knallharter Ausbeuter, der Oberzöllner Zachäus. Ihn bringt die überraschenden Anwesenheit Jesu in seinem Haus zu dem Entschluß: »Herr, die Hälfte meiner Güter gebe ich den Armen, und wenn ich jemanden betrogen habe, das gebe ich vierfältig wieder« (Lk 19,8). Die Reichen können also Anteil am Befreiungswerk Jesu erlangen, indem sie einen Teil ihres Besitzes an die Armen abgeben. Erst dann, wenn sie abgeben können und Anteil nehmen am Los der Armen, werden die Reichen von ihrer närrischen Fixierung auf ihren Reichtum befreit, der der reiche Kornbauer verfallen ist: »Liebe Seele, du hast großen Vorrat auf viele Jahre, habe nun Ruhe, iß und trink und sei guten Mutes« (Lk 12,19). Diese selbstgenügsame Fixierung der Wohlhabenden auf ihren Besitz wird schon im Alten Testament als Leugnung Gottes verurteilt, von der sich z.B. der reiche Hiob ausdrücklich distanziert (Hi 31,24f.28):

(24) Wenn ich das Gold zu meiner Zuversicht gemacht hätte
und das Feingold zu meinem Trost,
(25) wenn ich mich gefreut hätte, daß ich großes Gut besitze
und meine Hand so viel erworben hat ...,
(28) dann wäre dies eine Schandtat, die vor den Richter gehört,
denn damit hätte ich Gott in der Höhe verleugnet.

Weil großer Besitz immer dazu tendiert, zum Götzen zu werden, der Gott als den einzigen, der Sicherheit und Trost gewähren kann, beiseite drängt, deswegen ist auch bei Lukas eine Rettung der Wohlhabenden erst möglich, wenn sie umkehren, d.h. sich abkehren von ihrem Reichtum und teilen lernen. Konkret bedeutet das, den Armen reichliche Almosen zu geben (Lk 11, 41; 12,33; 19,8; Apg 3,2f.10 u.ö.), dem Bedürftigen, der bei ihm geliehen hat, die Schulden zu erlassen und auf das Recht, ihn in die Schuldknechtschaft zu pressen, zu verzichten (Lk 6,30–38; vgl. schon Jes 58,6f).
Auch das ist natürlich harter Tobak, den die Bibel uns wohlsituierten Christen zumutet, ein ständiger Stachel, uns nicht selbstgefällig auf unserem aufgehäuften Wohlstand auszuruhen, sondern ihn im Sinne Jesu zur

Befreiung der Armen einzusetzen. Ich möchte fragen: Halten wir uns möglicherweise die Bibel nicht deswegen mit vorgeschobenen intellektuellen oder frommen Argumenten vom Leibe, weil sie unsere landläufige Existenz als christliche Wohlstandsbürger zutiefst verunsichert und Veränderungen einfordert, die uns zu gefährlich sind?
Das Erstaunliche ist nun dies: Sowie ich mich von Gott befreien lasse vom ewigen Kreisen um meinen Besitz und mein Glück, sowie ich das Leid und Elend um mich herum nicht mehr am Schutzschild, den mir der Wohlstand bietet, abtropfen lasse, sondern daran mitleidend Anteil nehme, sowie ich persönlich mit Wort und Tat für leidende, arme, unterdrückte, entrechtete und bedrohte Menschen eintrete, schmilzt mit einem Mal die Distanz zur Bibel, die mich als Wohlstandsbürger von ihr trennte, dahin, wird sie auch für mich ganz unmittelbar zu einem spannenden, hilfreichen, tröstenden und ermutigenden Buch. Ich habe das persönlich während der letzten Jahre im Engagement in der christlichen Friedensbewegung erfahren und erfahre es jetzt in der Arbeit für Flüchtlinge und Aussiedler, die wir in Hilchenbach tun.

These 3:
Erst im Engagement für Gottes Gerechtigkeit läßt sich die Bibel entdecken.
Die Bibel ist keine theoretische Abhandlung. Sie ist von Menschen – armen wie wohlhabenden – verfaßt worden, die für die Sache Gottes gekämpft, gelitten und gehofft haben. Sie wird uns darum immer verschlossen bleiben, solange wir sie von unserer scheinbar gesicherten Position aus unbeteiligt lesen, sich aber sofort öffnen, sobald wir uns selbst auf ihren Kampf einlassen und ihn weiterführen. Die Bibel ist kein Buch für räsonierende Theoretiker, sondern ein Buch für praktisch tätige Christen.
Ein Christ, der zum Beispiel mit Gott an der Ungerechtigkeit dieser Welt leidet, an Herrschaftsstrukturen, die Menschen knebeln, und an Wirtschaftsstrukturen, die

Menschen gnadenlos platt machen, der wird mit solidarischer Anteilnahme Bibeltexte lesen, die die wirtschaftlichen Zwänge und sozialen Krisen zu biblischen Zeiten erkennen lassen, etwa Neh 5,1–7:

(1) Es erhob sich ein großes Geschrei des niederen Volkes und seiner Frauen gegen ihre jüdischen Brüder.
(2) Da gab es welche, die sprachen: Unsere Söhne und unsere Töchter müssen wir verkaufen, um Getreide zu erhalten, essen und überleben zu können.
(3) Da gab es andere, die sprachen: Unsere Äcker, Weinberge und Häuser müssen wir verpfänden, damit wir Getreide erhalten in der Hungersnot.
(4) Und da gab es wieder andere, die sprachen: Wir haben auf unsere Äcker und Weinberge Geld aufnehmen müssen, um die Königssteuer zahlen zu können.
(5) Nun sind wir doch wie unsere Brüder, von gleichem Fleisch und Blut, und unsere Kinder sind wie ihre Kinder; doch siehe, wir müssen unsere Söhne und Töchter als Sklaven dienen lassen; und schon sind einige unserer Töchter erniedrigt worden, und wir können nichts dagegen tun, und unsere Äcker und Weinberge gehören anderen.
(6) Als ich ihr Schreien und ihre Worte hörte, wurde ich sehr zornig.
(7) Und ich hielt Rat mit mir selbst und stellte die Vornehmen und Ratsherren zur Rede und sprach zu ihnen: Wollt ihr gegen den anderen Wucher betreiben?
Und ich brachte eine große Volksversammlung gegen sie zusammen.

Er wird mitfühlen mit den Klagen des Volkes, er wird zornig werden wie Nehemia; er wird fragen, wer denn die Vornehmen und Ratsherren sind, und herausfinden: keineswegs kleine miese Bösewichter, sondern die angesehene Führungsschicht der nachexilischen Gemeinde, die die wirtschaftlichen Machtmittel der damaligen Zeit nur ganz selbstverständlich und unsentimental gebrauchten, um sich über das Schuldrecht ein Heer von abhängigen Arbeitskräften zu schaffen, Schuldsklaven, die für sie arbeiteten, ohne Rücksicht auf das Zerbrechen von deren Familien und den Verlust von deren Würde. Und er wird fragen: Geschieht nicht ähnliches

– nur in viel größerem Maßstab – bei uns heute weltweit zwischen den reichen Christen der Ersten und den armen Christen der Dritten Welt?
Ein Christ, der sich in der Nachfolge Jesu Christi für gerechtere Herrschafts- und Wirtschaftsstrukturen einsetzt, die Gottes Gerechtigkeit mehr entsprechen, wird wachsam zuhören, wenn die Propheten im Namen Gottes ihre Stimme gegen die Unterdrücker und für die Unterdrückten erheben. So etwa in Jer 5,26–29:

(26) Es finden sich in meinem Volk Gottlose, die Netze knüpfen, wie Vogelsteller Fallen stellen, um Menschen zu fangen.
(27) Wie ein Korb voll mit Vögeln ist, so sind ihre Häuser voll Betrug: Auf solche Art sind sie reich geworden,
(28) fett und feist. Sie unterstützen den Bösewicht in seiner Sache, sie bemühen sich nicht um das Recht,
um das Recht der Waise, ihr zum Sieg zu verhelfen, und sie helfen den Armen nicht zum Recht.
(29) Sollte ich solche Leute nicht heimsuchen, spricht der Herr, und mich nicht rächen an einem Volk wie diesem?

Er wird erstaunt lernen, daß Gottes Gerechtigkeit etwas anderes ist als das, was wir landläufig darunter verstehen. Nicht jedem das Seine, das ihm aufgrund seiner Leistung zusteht, nicht die formale Erfüllung des Rechts. Die Propheten zeigen vielmehr, daß sich die Gerechtigkeit daran entscheidet, ob das fundamentale Lebensrecht und die Würde der Schwachen und an den Rand Gedrängten noch gewahrt wird, egal, wie rechtmäßig es bei ihrer Verdrängung zugeht.
Ein Christ, der nach Weisung sucht für eine bessere Gerechtigkeit, wird aufmerksam die Gebote und Gesetze achten, die im Namen Gottes zum Schutz der Armen und Randgruppen erlassen wurden, etwa Dtn 15,1–3:

(1) Nach dem Ablauf von 7 Jahren sollst du eine »Loslassung« durchführen.
(2) Und das ist der Inhalt der Loslassung:
Jeder Darlehensgeber solle seine Ansprüche aus dem Darlehen loslassen. Was er seinem Bruder geliehen hat, soll er nicht bei seinem Volksangehörigen und seinem Bruder eintreiben. Denn einen Schuldenerlaß hat man ausgerufen für den Herrn.

(3) Von einem Ausländer darfst du eintreiben, aber was dir bei deinem Bruder gehört, soll deine Hand loslassen.

Er wird sich nicht über deren teilweise Begrenztheit ereifern, etwa darüber, daß hier die Ausländer ausgenommen werden, sondern er wird staunen, wie entschlossen hier der Versuch gemacht wird, die ungerechten wirtschaftlichen Zwänge des Schuldrechts zumindest innerhalb des Gottesvolkes zu durchbrechen. Er wird sich auch nicht von der beliebten theoretischen Debatte um angeblich schlimme Gesetzlichkeit sowie verführerische Selbstrechtfertigung ablenken lassen, sondern anerkennen, daß hier versucht wird, die Gesellschaft nach Gottes Gerechtigkeit umzugestalten, und nicht locker lassen, nach ähnlichen Veränderungen in unserem Wirtschaftssystem zu suchen.
Ein Christ, der im Kampf um eine bessere Gerechtigkeit sofort Widerspruch und Anfeindungen von solchen ausgesetzt ist, die von den ungerechten Herrschafts- und Wirtschaftsstrukturen profitieren, entdeckt erstaunt, daß die Beter vieler Psalmen ganz ähnlichen Angriffen ausgesetzt sind und sich nicht scheuen, diese im Gebet vor Gott zu erwidern. So etwa in Ps 52,3–10:

(3) Was rühmst du dich der Bosheit, Mann,
gegen den Frommen allezeit?
(4) Unheil ersinnst du,
deine Zunge ist wie ein scharfes Messer, du Ränkeschmied.
(5) Du liebst das Böse statt des Guten,
die Lüge statt rechte Rede.
(6) Du liebst alle Worte des Verderbens,
du listige Zunge!
(7) Doch Gott wird dich verderben für immer,
er wird dich vernichten und ausfegen aus dem Zelt,
dich entwurzeln aus dem Land des Lebens!
(8) Die Gerechten mögen es schauen und erschauern
und lachen über ihn:
(9) Seht, da ist der Mann, der nicht nahm
den Herrn zu seiner Zuflucht!
Er vertraute auf seinen großen Reichtum,
suchte seine Zuflucht bei seinem Frevel.
(10) Doch ich bin wie ein grünender Ölbaum

im Hause des Herrn.
Ich vertraue auf Gottes Gnade
immer und ewig.

Er lernt, daß solche Rachewünsche, die, aus der Zuschauerposition beurteilt, vielleicht problematisch sind, in Situationen, wo er im Kampf für Gottes Gerechtigkeit vor dem massiven Widerstand zurückweichen möchte, ausgesprochen werden dürfen, um die übermächtigen Gegner in ihrer Fehlhaltung zu demaskieren und vor Gott darauf zu beharren, daß sie letztendlich nicht siegen werden.
Ein Christ, der sich so für Gottes Sache einsetzt, lernt überhaupt erst richtig zu schätzen, daß er sich bei Gott bergen kann; wenn er in der Auseinandersetzung mit dem Rücken zur Wand steht, hält Gott ihm den Rücken frei; wenn er müde wird vom Kampf, hilft Gott ihm auf und stärkt ihn, so wie das viele Beter der Psalmen erfahren haben, etwa in Ps 62,2–8:

(2) Nur auf Gott hin finde ich Ruhe,
nur von ihm her finde ich Rettung.
(3) Nur er ist mein Fels und meine Rettung,
meine Schutzburg, ich werde nicht wanken.
(4) Wie lange wollt ihr noch gegen einen anstürmen,
gegen ihn anrennen, ihr alle,
wie gegen eine umsinkende Wand
und eine einstürzende Mauer?
(5) Nur Täuschungen hecken sie aus, um ihn zu verführen,
sie begeistern sich an Lüge.
Mit dem Mund sprechen sie Segensworte,
Aber in ihrem Innern sinnen sie auf Fluch.
(6) Nur auf Gott hin will ich Ruhe finden,
denn von ihm her kommt meine Hoffnung.
(7) Nur er ist mein Fels und meine Rettung,
meine Schutzburg, ich werde nicht wanken!
(8) Auf Gott steht mein Glück und meine Ehre,
mein schützender Fels und meine Zuflucht liegen in Gott.

Er lernt aus der Bibel, wie gesellschaftliches Engagement und Gebet zueinandergehören, wie er das Stillewerden vor Gott braucht, um nicht zu verzagen, und er

erlebt im Widerstand gegen die Widersacher, die ihn mit Drohung und Verführung von seiner Sache abbringen wollen, wie sein Glaube wächst.
Ein Christ, der sich so auf den Weg zu Gottes Reich der Gerechtigkeit und Liebe macht, erfährt schließlich aus der Bibel, daß er nicht allein ist. Nicht nur die Wolke der biblischen Zeugen (Hebr 12,1) ist um ihn, sondern auch die gegenwärtige Gemeinde, die auf ihn wartet, aber ihn auch trägt. So fährt der 62. Psalm fort (Ps 62, 9–12):

(9) Vertraue auf ihn, ganze Volksgemeinde,
schüttet vor ihm euer Herz aus!
Gott ist unsere Zuflucht!
(10) Nur ein Hauch sind die Menschen,
Trug sind die Leute,
auf der Waage schnellen sie hoch,
sind alle leichter als Luft.
(11) Vertraut nicht auf Erpressung!
Auf Raub richtet nicht eitle Hoffnung!
Auf Reichtum, wenn er anwächst,
setzt nicht euer Herz!
(12) Eines hat Gott geäußert,
zwei Dinge sind es, die ich (wir) vernommen:
Bei Gott ist Schutz,
bei dir, Herr, ist Huld.
Und du vergiltst
einem jedem nach seinem Tun.

Wo sich eine Gruppe von Mitstreitern zusammenfindet, brauchen wir uns nicht als einzelne zu verausgaben, wird der Kampf um Gottes Gerechtigkeit nicht aussichtslos. Über ihr steht die Verheißung Gottes: »Selig sind, die um der Gerechtigkeit willen verfolgt werden, denn das Himmelreich ist ihr« (Mt 5,10).
Auch für uns Wohlstandsbürger kann also die Bibel zu einem spannenden Lebensbuch werden, wenn wir uns auf Gottes Sache einlassen.

Bibelkritik als Selbst- und Kirchenkritik*

Bibelkritik ist ein Reizwort, besonders hier im Siegerland. Den einen gilt sie als wichtige Voraussetzung, dem Wort Gottes in der heutigen Kirche und Theologie Gehör zu verschaffen, den anderen als der Sündenfall, der das Wort Gottes in Zweifel zieht und die Autorität der Heiligen Schrift untergräbt. Der Streit um das rechte Schriftverständnis nimmt seit dem Schlagabtausch, den Gerhard Bergmann (»Alarm um die Bibel«) und Willi Marxsen (»Der Streit um die Bibel«) in den 60er Jahren führten, in den deutschen Evangelischen Kirchen geradezu kirchenspaltende Dimensionen an: Konkurrierende Parallelstrukturen in der theologischen Ausbildung und in Gemeindeveranstaltungen wurden ausgebaut. Auch in vielen Siegerländer Gemeinden ist der Riß zwischen den beiden Lagern inzwischen derart tief, daß ein gemeinsames Gespräch kaum noch möglich ist.

Verehrte Anwesende, ich weiß nicht, ob Sie sich dem einen oder dem anderen Lager zurechnen oder den Streit amüsiert oder verärgert von außen verfolgen. Ich weiß, wie schwierig es ist, in einer aufgeladenen Atmosphäre etwas Klärendes zu sagen, ohne gleich mißverstanden zu werden. Ich möchte Sie einfach nur bitten, mich nicht sogleich abzustempeln und dann nicht mehr zuzuhören.

* Aus der Vortragsreihe »Streitfragen der Theologie« der Fächer Evangelische und Katholische Theologie im Rathaus Siegen im Winter 1992/93.

These 1:
Der Streit um die Botschaft der Bibel ist lebensnotwendig für Kirche und Theologie, nicht aber der Streit um das Schriftverständnis.

Zuerst gilt es, die in der gegenwärtigen Debatte völlig verschobenen Gewichte wieder ins rechte Lot zu bringen. Die kritische Nachforschung in der Schrift ist keineswegs eine Erfindung der Gegenwart, sondern seit den frühesten Anfängen ständige Praxis der christlichen Gemeinde. Ein Beispiel ist hier erhellend: Als Paulus in der Synagoge von Beröa aus der Schrift, damals noch dem Alten Testament, darlegte, daß der Messias – was nach der Tradition keineswegs selbstverständlich war – leiden und auferstehen mußte und somit Jesus der verheißene Messias sei, »da forschten sie täglich in den Schriften, ob es sich so verhielte, und glaubten viele von ihnen« (Apg 17,11f).

Diese Forschung in der Bibel war intensiv (»täglich«) und durchaus kritisch. Die Gemeinde überprüfte die Auslegung des Paulus (»ob es sich so verhielte«), klärte in bezug auf die Gegenwart das im Alten Testament uneinheitliche Messiasbild. Und da die Überprüfung offenbar positiv ausging, ermöglichte sie vielen, an Jesus als den von Gott gesandten Messias zu glauben.

Das positive Ergebnis dieser kritischen Bibelforschung war nun aber keineswegs verfügbar. Nicht alle ließen sich überzeugen, sondern nur »viele«; in Thessalonich hatte Paulus die gleiche Predigt gehalten, und seine Schriftauslegung stieß dort auf totale Ablehnung (17, 2ff). Da wir annehmen können, daß die Juden und frommen Heiden in der Synagoge in beiden Gemeinden dasselbe Schriftverständnis hegten, kann es an ihm nicht liegen, daß die einen bei der kritischen Nachforschung in der Schrift zu einem positiven und die anderen zu einem negativen Ergebnis gelangten. Die Anerkennung einer Schriftauslegung ließ sich offensichtlich schon damals nicht durch Verordnung eines bestimmten Schriftverständnisses – etwa daß der berühmte Text vom leidenden Gottesknecht, Jes 53, nur von Jesus Christus aus verstanden werden könne – erzwingen,

sondern war auf deren Überzeugungskraft und Plausibilität bzw. auf die Wirkung des Heiligen Geistes angewiesen.
Nicht das Schriftverständnis, sondern die aktuelle Botschaft der Bibel – hier, daß Jesus der verheißene Messias sei – stand zwischen Paulus und der Gemeinde bei ihrer Schriftforschung auf dem Prüfstand. Und was für sie galt, gilt auch für uns: Da unter den Bedingungen dieser von Gott getrennten Welt Gottes Handeln und Wille nie eindeutig zu erkennen sind, bedarf es in der christlichen Kirche der ständigen Rückfrage auf die Bibel, wie in ihrem Licht bestimmte Ereignisse der Gegenwart zu verstehen seien und was nach dem Willen Gottes angesichts dieser Herausforderungen jetzt zu tun sei. Da aber auch diese Rückfrage nicht immer und von vornherein zu einer einhelligen Antwort führt, bedarf es des Streites, des ständigen Ringens unter uns Christen und Theologen, um unter uns einen Konsens zu finden, was als die Botschaft der Bibel zu gelten hat, die uns Gott heute aufträgt. Diese dauernde Auseinandersetzung wird nicht enden, bis Jesus Christus als der Messias wiederkommt und Gott seine Herrschaft für jedermann erkennbar durchsetzt und seinen Willen direkt in das Herz eines jeden einpflanzt.

These 2:
Um ein Einverständnis über den Zugang zur Bibel muß nur deswegen gerungen werden, damit bei der Auseinandersetzung um die Botschaft der Bibel in Theologie und Kirche die Verständigungsmöglichkeit gewahrt bleibt.
Solange ich die Bibel allein oder im kleinen, vertrauten Kreise lese, brauche ich mir um die Frage, wie ich sie lese und als was ich sie lese, keine Gedanken zu machen. Ich kann mich ihr ganz intuitiv nähern oder mir Hilfen für den Zugang danebenlegen (Bibelkunden, Kommentare), und je nach meinen Erfahrungen oder Stimmungen wird mir ein Bibeltext ganz nahe kommen und wichtig werden zu Selbsterkenntnis, Trost und Weisung, und andere Bibeltexte werden mir fern

und unverständlich bleiben. Voraussetzung für solche Bibellektüre ist eigentlich nur, daß ich von ihr etwas erwarte, was mir hilft und mich weiterbringt. Alles andere kann ich getrost dem Heiligen Geist überlassen.
Sowie ich aber mit meinem Verständnis eines Bibeltextes an die Öffentlichkeit trete, die Bibel anderen auslege, in der Gemeinde, in der Schule oder in der Universität, reicht so ein naiv-intuitiver Zugang zur Bibel nicht mehr aus. Ich muß damit rechnen, von anderen gefragt zu werden, wie ich zu dieser Auslegung komme. Ich muß meine Auslegung vor anderen verantworten und mir darum über den Weg, wie ich dazu gelangt bin, Rechenschaft ablegen und ihn anderen mit vernünftigen und ihn möglichst überzeugenden Argumenten begründen. Ein Hinweis auf den Heiligen Geist wäre da nur Ausflucht. Steht nun meine Auslegung auch noch im Zusammenhang einer theologischen oder kirchlichen Kontroverse, in der ich aus der Bibel Klärung und Weisung geben möchte, so muß zwischen mir und meinen Gesprächspartnern ein gewisses Einverständnis über den Zugang zur Bibel herrschen, damit eine Verständigung noch möglich bleibt und ein Streit um die Sache geführt werden kann, der zu einem Konsens führt und nicht in Mißverständnissen und Beschuldigungen endet: Nichts anderes als solche kritisch reflektierten Regelungen des Zugangs zur Bibel sind die exegetischen Methoden. Bibelkritik ist ein methodisch kontrollierter Umgang mit der Bibel. Sie ist im öffentlichen Dialog von Kirche und Theologie unumgänglich, ist aber nie Selbstzweck, sondern hat allein dienende Funktion, damit das notwendige Ringen um die Sache fruchtbar bleibt.

These 3:
Bibelkritik ist gegenwärtig weitgehend Auslegung der Bibel mit Hilfe der historisch-kritischen Methode. Die gegen diese Methode heute von verschiedener Seite geäußerte Kritik ist teilweise berechtigt. Sie erfordert aber keine Revision der Methode, sondern eine Überprüfung ihrer hermeneutischen Rahmenbedingungen.

Der Zugang zur Bibel, der sich in den letzten 200 Jahren innerhalb der europäischen protestantischen Kirchen herausgebildet hat, ist die historisch-kritische Methode. Über sie besteht zumindest innerhalb der wissenschaftlichen Bibelauslegung weitgehender Konsens. Sie beruht auf dem Bewußtsein für historische Abstände, das das Denken der modernen Menschen seit der Aufklärung bestimmt. Lessing sprach vom »garstigen Graben der Geschichte«. Kritisch heißt diese Methode deshalb, weil sie nicht einfach naiv die Welt der biblischen Schriften mit der unsrigen gleichsetzt, sondern in ihrer Differenz zu uns unterscheidet. Historisch heißt diese Methode, weil sie anerkennt, daß nicht mehr eine zeitübergreifende kirchliche Lehre bzw. eine metaphysische Ebene, sondern allein die Geschichte den Verstehenshorizont bildet, der die Bibel und den Ausleger miteinander verbindet, der Zugang zu ihr also ein historischer sein muß. Ihr Ziel ist es darum, möglichst genau die Intention eines Bibeltextes herauszuarbeiten, die sein biblischer Autor bei dessen Abfassung in seiner geschichtlichen Situation gemeint hat.
Um dieses Ziel zu erreichen, wurde im Lauf der letzten 200 Jahre ein ganzes Inventar methodischer Arbeitsschritte entwickelt. Dabei sind grundsätzlich zwei Arbeitsgänge zu unterscheiden: die historische und die literaturgeschichtliche Rekonstruktion.
Zur Rekonstruktion der historischen Situation eines Textes werden alle Mittel angewandt, die auch sonst für die historische Wissenschaft gelten: Es werden für die in Frage kommende Epoche alle Quellen gesammelt und auf ihren Quellenwert hin kritisch ausgewertet: biblische Texte und außerbiblische, literarische und archäologische. Hinzu kommen transkulturelle Vergleiche und zunehmend auch soziologische Modelle.
Zur Rekonstruktion der Literaturgeschichte eines Textes hat sich im Lauf der Kirchengeschichte eine Anzahl von Arbeitsschritten ausgebildet, die nicht in allen philologischen Wissenschaften verwandt werden, sondern mit dem speziellen Charakter der Bibel zusammenhängen:

Die *Textkritik*, die schon in der Alten Kirche entstand, rekonstruiert aus einer Vielzahl von Handschriften den besten erreichbaren hebräischen und griechischen Text. Ein ungeheurer Aufwand an archäologischer, paläographischer, lexikographischer und grammatischer Arbeit wurde hier – wie für kein anderes Buch der Welt – über bald 2000 Jahre von Juden und Christen investiert.
Die *Literarkritik*, die Ende des 18. Jahrhunderts entstand, überprüft, ob ein Text von einem Autor oder von mehreren Autoren aus unterschiedlichen Zeiten stammt. Da diese häufig anonym bleiben und sich nur indirekt durch sachliche Ungereimtheiten und stilistische Unterschiede im Text greifen lassen, bleiben die Ergebnisse häufig hypothetisch. Dennoch sind hier in den letzten 200 Jahren wichtige Ergebnisse erzielt worden, die das Verständnis schwieriger Texte erheblich erleichtern (z.B. die Unterscheidung von Jesaja und Deuterojesaja).
Die am Anfang unseres Jahrhunderts entwickelte *Formkritik* fragt nach den Gattungen und Bauprinzipien eines Textes. Erzählung, Rechtssatz, Prophetenspruch oder Klagepsalm sind unterschiedliche Gattungen mit ganz unterschiedlichem Verwendungszweck. So trägt die Formkritik ganz wesentlich dazu bei, die genaue Intention eines Textes zu bestimmen und nicht zu verzeichnen. (Ein Klagepsalm etwa macht keine Aussage über Gott, sondern will Gott zum rettenden Eingreifen bewegen.)
Die seit den 30er Jahren geübte *Traditionsgeschichte* beschreibt die Geschichte des Textes und stellt ihn in den weiteren Horizont der Literatur- und Theologiegeschichte der Bibel. Hier ist auch der Ort, wo historische und literaturgeschichtliche Rekonstruktion zusammengeführt werden, indem aufgezeigt wird, wie ein oder auch mehrere biblische Zeugen angesichts bestimmter Herausforderungen, Nöte und Kontroversen ihrer Zeit Stellung beziehen, von Gott erzählen, in seinem Namen sprechen oder zu ihm rufen.
Daneben werden heute moderne soziologische, psychologische und linguistische Zugangsmöglichkeiten

erprobt, ohne daß diese schon in einen allgemein akzeptierten Methodenkanon eingegangen wären. Die historisch-kritische Methode ist also kein starres, zeitloses System, sondern durchaus im geschichtlichen Wandel begriffen.

Sofern die Quellenlage günstig ist und einigermaßen eindeutige Rekonstruktionen zuläßt, ist die historisch-kritische Methode in der Lage, den herausgearbeiteten historischen Sinn eines Textes Theologie und Kirche als Fixpunkt anzubieten, von dem her sie ihren Streit um die Sache rational begründet führen und bestimmte Positionen als »unbiblisch« ausgrenzen kann. Aber das ist natürlich nicht immer so; in vielen Fällen bleiben die Ergebnisse uneindeutig und entsprechend umstritten, und immer dann erhebt sich die Frage, ob sich der gewaltige Aufwand der Methode wirklich lohnt.

So verwundert es nicht, daß die historisch-kritische Bibelforschung gegenwärtig zunehmend von verschiedenen Seiten her unter Kritik gerät. Dies hängt neben der Unsicherheit vieler ihrer Ergebnisse mit einem allgemeinen modernen Desinteresse an Historischem, kirchlichen Entwicklungen und unausdiskutierten Implikationen der Methode zusammen.

Ernst zu nehmende kritische Anfragen kommen aus den jungen Kirchen der Ökumene, die auch vom linken theologischen und kirchlichen Spektrum zunehmend aufgegriffen werden. Sie lauten, auf einen Punkt gebracht: Werden durch die aufwendige historisch-kritische Methode nicht die Bibeltexte künstlich der Gemeinde entfremdet, zum Herrschaftswissen der theologischen Experten gemacht und unter ihrer Ägide ihres Befreiungsimpulses beraubt? Müssen Christen nicht nur heraustreten aus ihrer unbeteiligten Zuschauerposition und sich einlassen auf den Kampf *gegen* Verelendung und Unterdrückung und *für* Gottes Reich der Gerechtigkeit und Liebe, um einen ganz unmittelbaren Zugang zu weiten Teilen der biblischen Botschaft zu erfahren? Ist es in dieser Auseinandersetzung nicht die gesellschaftliche Unterdrückungssituation selbst, die es schonungslos zu analysieren gilt, die die Bibel auslegt

und vielen ihrer Texte bedrängende Eindeutigkeit und überzeugende Aktualität verleiht?
Die Anfragen weisen in der Tat auf erhebliche Gefahren hin, von denen die europäische Bibelkritik bedroht ist. Ihre methodische Trennung zwischen der Zeit der Bibel und der Gegenwart des Auslegers kann in der Tat dazu mißbraucht werden, unbequeme Seiten der biblischen Botschaft in die Vergangenheit abzuschieben. Es muß offensichtlich intensiver über den gesellschaftlichen und kirchlichen Standpunkt des Auslegers nachgedacht werden und darüber, welche Interessen ihn bei der Anwendung der historisch-kritischen Methode leiten. Ob wir jedoch ganz auf sie verzichten können, scheint mir fraglich; die Erfahrungen aus den lateinamerikanischen Basisgemeinden sind nicht einfach nach Europa übertragbar, die gesellschaftliche Situation bei uns weit diffuser als dort, so daß von ihr aus kaum eine Konsensbildung über das Textverständnis zu erwarten ist.
Eine zweite Anfrage richtet sich gegen die verobjektivierende kritische Rationalität der Methode. Mein Kollege Ingo Baldermann hat die Frage gestellt, ob nicht die Leidenschaftslosigkeit der Exegese in eklatantem Widerspruch zur Leidenschaftlichkeit Gottes stehe, von der in der Bibel die Rede ist. Er wirft ihr vor, sie verhindere auf der einen Seite mit ihrem Umweg über die historische Situation ein elementares, emotionales Verstehen und verstelle auf der anderen Seite mit ihrem distanziert analytischen Zugang den Blick für die ursprüngliche Emotionalität biblischer Texte, die aus dem Kämpfen, Leiden und Hoffen der biblischen Menschen erwachse. »Gerade hier aber, in solchem Widerspruch und Widerstand ist das Wort des leidenschaftlichen Gottes zu begreifen« (Der leidenschaftliche Gott, 141). Eindeutigkeit gewönnen etwa die Jesusworte »erst in dem Maße zurück, wie wir auch die in ihnen ursprünglich enthaltene Emotionalität wieder wahrzunehmen lernen« (ebd., 142).
Noch weit radikaler stellt E. Drewermann die historisch-kritische Bibelauslegung in Frage; sie ist für ihn, obgleich er ihre Ergebnisse teilweise durchaus verwendet,

ein – typisch protestantischer – Irrweg, der nur »monströse Inhaltslosigkeit« produziere. Er schreibt: »Gerade nicht verbindlicher Glaube, sondern zeitbedingte Glaubensvorstellungen hatten den ›Gegenstand‹ exegetischer Forschungen zu bilden, und der Interpret selbst mußte mit seiner eigenen Existenz immer mehr hinter der ›Objektivität‹ seiner hypothetischen historischen Rekonstruktionen zurücktreten; er mußte das Unmögliche versuchen: ein Verständnis des angeblich lebendigen Gotteswortes unter Ausklammerung seines eigenen Lebens und seiner eigenen Existenz« (Tiefenpsychologie und Exegese I, 24). Die Unmittelbarkeit und Absolutheit der Heiligen Schrift lasse sich nur durch eine tiefenpsychologische Textinterpretation zurückgewinnen, die die überzeitlichen Bedeutungsinhalte archetypischer Erzählungen »als chiffrierter Niederschlag von Erfahrungen einer ... averbalen Ebene der Wirklichkeitserfassung« (ebd., 382f) aufdecke.
Ich halte Drewermanns Unterscheidung zwischen »zeitbedingtem Glauben« und überzeitlichen Bedeutungsinhalten für verfehlt und seine tiefenpsychologische Interpretation für ein gefährliches Abtauchen auf eine allegorische Ebene, die am Text kaum noch zu kontrollieren ist. Die Vorwürfe Baldermanns gegen eine unsensible akademische Bibelauslegung, die sich in vornehmer Teilnahmslosigkeit gefällt, ist sicher teilweise berechtigt. Allerdings würde ich fragen, ob nicht gerade das Wahrnehmen der Emotionalität biblischer Texte eine möglichst lebendige Rekonstruktion der historischen Auseinandersetzungen, in denen sie verfaßt wurden und Stellung bezogen, nötig macht.
Die massivsten Angriffe gegen die historisch-kritische Bibelauslegung werden seit Jahren von evangelikalen Kreisen gefahren. Einer ihrer Promotoren, Rudolf Bäumer, bringt den radikalen Widerspruch auf eine griffige Formel: »›Bibelkritik‹ stellt sich nicht unter Gottes Wort, sondern über Gottes Wort; denn sie weiß sich allein der eigenen Vernunft verpflichtet und ihr Ausgangspunkt ist der Zweifel«. »Die historisch-kritische Methode (HKM) ist das Essen von der verbotenen

Frucht«, also schlicht Sündenfall (Eine folgenschwere Verwechslung, 21). Die Gegenposition wurde von Gerhard Bergmann in seinem Buch »Alarm um die Bibel« so beschrieben: Wir »glauben ... an die Einheit von Heiligem Geist, inspiriertem Wort Gottes und der in der Bibel anzutreffenden Geschichte« (106). Die Bibel habe einen »inspirierten Besonderheitscharakter« (35), könne darum nicht wie ein anderes Buch der Weltliteratur nach allgemeinen Gesetzen des Verstehens (hermeneutischer Zirkel) ausgelegt werden (106f), sondern nur pneumatisch. »Es gibt entweder einen persönlichen, mitten durch das Herz ... gehenden Zugang zur Bibel und Umgang mit ihr, oder es gibt keinen ... Nur aus dem persönlichen Betroffensein durch das Gegenüber des Heiligen Geistes kommt es zum ›Verstehen‹ des Wortes Gottes ... Göttliches will göttlich begriffen sein. Gott aber übersteigt die Möglichkeiten unseres winzig kleinen Verstandes.« (108). Dieser sei zudem noch durch den Sündenfall zutiefst korrumpiert.
Gott, Wort Gottes und Bibel werden also direkt gleichgesetzt, dem Ausleger der gläubige, vertrauende, demütige und gehorsame Umgang mit der Bibel empfohlen, der auch im Verhältnis zu Gott gilt. Nun mag man für einen solchen Schutzzaun, der um die Bibel gezogen wird, noch Verständnis haben – auch wenn die Bibel selbst einen Glauben an die Schrift nirgends fordert (auch nicht Apg 24,14; Ps 119,66) –, wurden doch die Ergebnisse der historisch-kritischen Forschung zuweilen in einer Schärfe und gewissen Häme vorgetragen, daß man sie als Angriff auf die Autorität der Heiligen Schrift mißverstehen konnte. Doch werden die frommen Gleichsetzungen insofern problematisch, als damit sachliche Differenzen zwischen den biblischen Schriften und Ungereimtheiten der biblischen Geschichte sofort als Infragestellung der Unfehlbarkeit Gottes begriffen und damit geleugnet oder heruntergespielt werden müssen. Die unbefangene Beobachtung am Bibeltext gerät ständig unter den Verdacht des Unglaubens, und die ganze Forschungsenergie verzehrt sich in ängstlich sichernder Apologetik.

Hinzu kommt, daß der Zaun um die Bibel nie völlig dicht zu kriegen ist. Der Bibeltext selbst und gar seine Übersetzungen sind das Ergebnis kritischer historischer und philologischer Arbeit. R. Bäumer sieht sich denn auch genötigt, die Textkritik als einzige der historisch-kritischen Methoden akzeptieren. G. Bergmann geht noch weiter und will selbst die weiteren methodischen Schritte bedingt anerkennen: »Die historisch-kritische Methode in tausend Ehren, sofern sie eine saubere Text-, Literar- und Formerforschung betreibt. Wird aber die Text-, Literar- und Formkritik zur Sachkritik, dann ist damit das rote Stopplicht überfahren, die historisch-kritische Forschung ist keine solide Forschung mehr, sondern erniedrigt sich zum Steigbügelhalter einer bestimmten ›Weltanschauung‹ ... Sachkritik ist immer Kritik an den faktischen Sachaussagen der Bibel selber. Sie nimmt eine materiale Veränderung [gemeint ist: der Bibel] vor. Sachkritik ist also Bibelkritik. Zur Bibelkritik sagt die Gemeinde Jesu ein entschiedenes Nein« (Alarm um die Bibel, 35).

Doch was ist Sachkritik? Wenn damit gemeint ist, daß die historisch-kritische Forschung darauf bedacht sein muß, der Bibel keine fremde moderne Weltanschauung überzustülpen, mag diese Grenzziehung berechtigt sein. Die historisch-kritische Methode hat sich von ihrem Ausgangspunkt in der Aufklärung her immer wieder einmal weltanschaulichen oder dogmatischen Ballast aufgeladen, indem sie aus dem Blick der Gegenwart ärgerliche moralische oder auch theologische bzw. weltanschauliche Aussagen der Bibel mit *historischen* Mitteln zu eliminieren suchte (Kanon-im-Kanon-Diskussion; Entmythologisierung). Eigentlich soll die historisch-kritische Methode gerade vor solchen Eintragungen schützen. Wenn hingegen als Sachkritik wohlbegründete Ergebnisse der historisch-kritischen Bibelforschung verstanden werden, die für die Gemeinde neu oder auch nur ungewohnt sind, wird die Sache schwierig. Denn wer bestimmt, welche Ergebnisse als zulässig gelten und welche als »Sachkritik« verdammt werden? Etwa die Gemeinde Jesu oder bestimmte Wortführer in ihr? Damit würde aber der Glaube der Gemeinde zur Richtschnur für die Botschaft der Bibel gemacht und das Erbe der Reformation verraten.

So hat die evangelikale Kritik an der historisch-kritischen Forschung sicher recht, wenn sie diese auffordert, nicht aus Sensationslust das Ansehen der Schrift herabzusetzen und ihre weltanschaulichen Voraussetzungen – etwa den von ihr verwendeten Geschichtsbegriff – einfach ungeprüft auf die biblischen Texte zu übertragen. Aber ihre als pneumatisch ausgegebene Methode hat trotz aller frommen Rhetorik zuwenig Sicherungen dagegen eingebaut, daß die Bibel von der kirchlichen Lehre bevormundet wird.

Alle genannten Anfragen kommen darin überein, die Stellung des Auslegers einerseits zum Text, andererseits zum kirchlichen und gesellschaftlichen Kontext zu überprüfen. Sie zwingen aus meiner Sicht nicht zu einer Revision der historisch-kritischen Methode als solcher, sondern zu einer Überprüfung ihrer hermeneutischen Rahmenbedingungen: Worauf zielt die Auslegungsarbeit, und wie geht der Ausleger an seinen Bibeltext heran? Hier ist nun zunächst gegenüber modernen Mißverständnissen daran zu erinnern: Die Bibelkritik ist von Hause aus nicht Kritik an der oder gar gegen die Bibel, sondern Kirchen- und Selbstkritik.

These 4:
Bibelkritik ist Kirchenkritik und muß es zum Wohle beider bleiben.

Die erste Wurzel der historisch-kritischen Rückfrage nach der Bibel ist nicht die Aufklärung, sondern die Reformation. Während es in der alten und mittelalterlichen Kirche üblich geworden war, die Bibel allegorisch auszulegen, d.h. neben ihrem wörtlichen nach ihrem geistlichen Verständnis zu fragen, um sie leichter an die Lehrtradition der Kirche anpassen zu können, ging Luther im Geist des Humanismus entschlossen auf das wörtliche oder historische Verständnis der Bibel zurück (»sensus literalis sive historicus«). Sein Ziel war es, der Bibel gegen die dogmatische Lehrtradition der Kirche und ihre Autoritäten, die sie umklammerte und kaum noch unverstellt zu Wort kommen ließ, ihre ausschließliche Autorität (»fons et judex«) in allen Glaubens- und Lehrfragen zurückzugeben (»sola fide, sola scriptura«). Die wörtlich, d.h. historisch verstandene Schrift wird gegen die Dogmen und Jurisdiktion der mittelalterlichen Kirche ins Feld geführt. Das ist der befreiende Impuls, den Luther der protestantischen Bibelauslegung vermittelt hat.

Luther war keineswegs ängstlich, daß dies zum Chaos führen könnte. Er vertraute darauf, daß die Bibel sich selber auslegt (»sui ipsius interpres«), sie bedurfte keiner kirchlichen Sicherung und Bevormundung. Deswegen verwarf er das autoritative Lehramt der Kirche, das im Falle des Streits die Bibel auf eine gültige Aussage zur Sache festlegte. Er verzichtete auch darauf, die Autorität der Bibel formal zu sichern; er bestand nicht darauf, daß die Bibel direkt Gottes Wort sei, sondern konnte auch formulieren, daß sie »Gottes Wort fasse« und sich von Gott unterscheide wie der Schöpfer vom Geschöpf. Er war fest davon überzeugt, daß Christus selber durch die Schrift wirke, deswegen konnte sein Kriterium, was die richtige von der falschen Auslegung unterscheide, ganz offen sein: »was Christum treibe«. Schriftauslegung hat von daher die Aufgabe, das Werk Christi in der Kirche und der Welt voranzubringen. Die Kirche, die als dauernd reformbedürftig (»semper reformanda«) definiert wird, bedarf nach Luther der ständigen Anstöße aus der Schrift, die ihre Verkrustungen aufbrechen und sie voranbringen.

Die kirchenkritische und kirchenverändernde Kraft der freien Bibelauslegung ist in der Reformationszeit eindeutig nachzuweisen bis hin zu geradewegs revolutionären Umbrüchen in den linksreformatorischen Bewegungen. Zwar erlosch sie bald wieder, als die protestantischen Kirchen unter dem Druck der politischen Verhältnisse unter die Fittiche des landesherrlichen Kirchenregiments flüchteten und die Orthodoxie die Bibelkritik durch eine starre Inspirationslehre an die kurze Leine legte und als Lieferant von Belegstellen (dicta probantia) für die kirchliche Lehre verkümmern ließ. Der freie Umgang mit der Bibel brach sich jedoch in Pietismus und Aufklärung wieder Bahn und setzte neue kirchliche Impulse frei.

Das Problem, das vor allem in Deutschland auftauchte, war nun: Es gelang nicht, die entstehende historisch-kritische Bibelauslegung kirchlich wirklich zu integrieren. Fixiert auf das Inspirationsdogma sah man in ihr kirchlicherseits häufig einen feindlichen Angriff auf die Autorität von Bibel und Kirche und provozierte auf seiten der Ausleger eine Schärfe der Kritik, die über die Bibelkritik die Kirche treffen wollte. Folge dieser unfruchtbaren Auseinandersetzungen war ein fauler Kompromiß, daß man die historisch-kritische Bibelauslegung an den Universitäten zuließ, aber die Gemeinden nach Möglichkeit davon abschottete. So verlor die Bibelkritik teilweise ihren kirchlichen und damit gesellschaftlichen Bezugspunkt und verkümmerte über weite Strecken zur zwar hochgelehrten, aber funktionslosen wissenschaftlichen Selbstbeschäftigung (Musterbeispiel der gegenseitigen Entfremdung: J. Wellhausen, der von der theologischen in die philosophische Fakultät überwechselte).

Eine Wende dieser Entwicklung setzte erst in den 30er und 40er Jahren dieses Jahrhunderts ein, als Gemeinden, Kirchenführer und Exegeten Seite an Seite die Bibel, vor allem das Alte Testament gegen die massiven Angriffe der Nationalsozialisten und ihrer kirchlichen Gefolgsleute verteidigten. Meine Lehrer Gerhard von Rad, Claus Westermann und Hans Walter Wolff fühlten sich, indem sie die Bibel historisch-kritisch auslegten, bewußt als kirchliche Theologen. Der Gewinn, den sowohl die Gemeindetheologie als auch die wissenschaftliche Bibelauslegung aus dieser Annäherung zogen, ist erfolgversprechend und sollte durch neue künstliche Grabenkämpfe nicht aufs Spiel gesetzt werden.

Die Kirche braucht die kritische Bibelauslegung, um nicht in althergebrachten Formulierungen ihrer Botschaft zu erstarren, sondern um zu neuen theologischen Positionen und kirchlichen Arbeitsfeldern vorzustoßen, die sie instand setzen, bei der Lösung der bedrängenden Menschheitsprobleme unserer Zeit mitzuhelfen. Einen ganz wesentlicher Anteil im gegenwärtigen ökumenischen Prozeß der Klärung und Konsensbildung zu den Themen Gerechtigkeit, Frieden und Bewahrung der Schöpfung leistet schon heute die historisch-kritische Bibelauslegung, indem sie liebgewordene Fehldeutungen von Bibelstellen argumentativ widerlegt und halbvergessene provokante Bibeltexte neu ins Spiel bringt. Aber auch die historische Bibelkritik verliert sich im wissenschaftlichen Glasperlenspiel, wenn sie in ihrer Arbeit nicht auf das Ringen um Gottes Sache in den aktuellen kirchlichen und gesellschaftlichen Auseinandersetzungen bezogen bleibt. Es ist meiner Meinung nach nur die kirchliche Ausrichtung, die den Gegenwartsbezug der historischen Auslegung sichern kann. Wird der Gegenwartsbezug allein über den Ausleger hergestellt, wie die ständige Forderung, der Exeget solle sich stärker in seine Auslegung einbringen, lautet, bleibt er zu stark auf einen subjektiven Erfahrungshorizont beschränkt und ermangelt der Dialogfähigkeit.

These 5:
Bibelkritik ist Selbstkritik und kann nur als solche der Bibel in der Kirche dienen.
Die Bibel kann ihre Innovationskraft nur entfalten, wenn ihr Ausleger sich kontrolliert und kritisch zurücknimmt, damit nicht er, sondern die Bibel zu Wort kommt. Hier liegt nun einiges im argen. Eine Hauptgefahr jeder Bibelauslegung besteht darin, daß der Ausleger die Bibel nur dazu benutzt, seinen Glaubensvorstellungen einen größeren Resonanzboden zu verschaffen und sich über sie eine Autorität anzumaßen, die ihm sonst nicht zukommt. Das ist eine große Gefahr aller direkten hermeneutischen Zugänge, sowohl in der linken als auch in der rechten Gemeindetheologie. Kennzeichen dafür ist nicht selten ein unfruchtbarer Schlagabtausch mit Bibelstellen, die dem kirchlichen Gegner wie Waffen um die Ohren geschlagen werden. Aber auch die historisch-kritische Bibelauslegung war trotz

ihrer methodischen Differenzierung zwischen Bibel und Ausleger oft nicht dagegen gefeit, daß ihre Vertreter von ihrer eingebildeten hohen moralischen und theologischen Warte aus biblische Texte mit lieblosen Werturteilen herabwürdigten und sich dabei gar noch in ihrer Eitelkeit, radikale Kritiker zu sein, sonnten.
Darum muß die zweite Maxime der Bibelkritik lauten: Bibelkritik ist Selbstkritik. Das bedeutet erstens: Nicht mein Glaube oder meine Moralvorstellungen sind Maßstab der Bibel, sondern ich muß als Ausleger bereit sein, meine Vorstellungen durch die biblischen Texte dauernd hinterfragen zu lassen. Die geschichtliche Distanzierung des Bibeltextes durch die historisch-kritische Methode hat – recht verstanden – die Aufgabe, die Bibel vor ihrer Vereinnahmung durch mich zu schützen. Diese Gefahr ist allgegenwärtig: Wir meinen immer schon zu wissen, was in der Bibel steht, wir nehmen Neues, anderes gar nicht mehr wahr. Wir ordnen die biblischen Texte nur noch in unsere Privatdogmatik ein, anstatt uns auf ihre Intention einzulassen und Neues zu denken und zu glauben wagen. Angesichts dieser dauernden Gefahr, die Bibel mundtot zu machen, birgt die beharrliche historische Nachfrage nach dem Anliegen, um das es einem biblischen Zeugen in seiner zeitgeschichtlichen Situation ging, meiner Meinung nach immer noch die beste Chance, Neues zu entdecken, das mich und womöglich die Kirche weiterbringt. Dabei will ich intuitive und charismatische neue Einsichten gar nicht ausschließen, aber auch diese bedürfen der methodischen Überprüfung, um argumentativ vermittelt werden zu können.
Bibelkritik ist Selbstkritik bedeutet zweitens, daß ich mich während der Auslegungsarbeit dauernd überprüfe, daß ich nichts anderem als dem Text dienen will. Ihm gilt es Gehör zu verschaffen, nicht mir; er soll als ernst zu nehmender Gesprächspartner aufgebaut werden, nicht ich. Diese Unterscheidung durchzuhalten, ist nicht ganz einfach; überall droht sich meine Eitelkeit, Selbstgerechtigkeit und Lieblosigkeit einzuschleichen, die meine Auslegung kompromittieren. Die Aufforde-

rung der Evangelikalen, die historisch-kritischen Ausleger sollten sich klarmachen, daß ihr Verstand durch den Sündenfall verderbt sei, ist durchaus berechtigt. Aber sie geht nicht weit genug und hat selber schon wieder einen selbstgerechten Nebenton: Nicht nur der Verstand, sondern die ganze Existenz steht unter der Macht der Sünde, und auch noch so hehre Frömmigkeit ist nicht dagegen gefeit, in selbstgefällige Eitelkeit abzurutschen und den Bibeltext beiseite zu drücken. Nein, die Fehlhaltung des Auslegers hängt nicht an der Methode, sondern an seiner grundsätzlichen Einstellung, mit der er sich an seine Auslegung heranmacht. Auch die historisch-kritische Auslegung setzt – recht verstanden – die Achtung vor der Bibel und die Solidarität mit den biblischen Zeugen voraus; sie will dem Bibelwort dienen und es gerade nicht bevormunden. Diese Haltung läßt sich jedoch nicht durch Verbote erzwingen oder durch dogmatische Festlegungen, etwa eine Inspirationslehre, sichern, wie die Kirchengeschichte zur Genüge zeigt. Sie läßt sich nur sichern, indem sich der Ausleger selber immer wieder ehrlich und selbstkritisch vor Gott überprüft, was ihn bei seiner Auslegung treibt. Ich sage meinen Studenten immer: »Stellt euch bei eurer Auslegungsarbeit vor, daß Gott euch über die Schulter sieht und zuguckt, was ihr über ihn aus der Bibel herausfindet. Wir werden alle auch für unsere Bibelauslegungen einmal von Gott zur Rechenschaft gezogen werden.« Recht verstandene Bibelkritik ist Bibelauslegung in der Verantwortung vor Gott und vor der Gemeinde.

These 6:
Bibelkritik ist nur insofern Kritik an der Bibel, als sie die Unterschiede zwischen den biblischen Texten aufdeckt. Sie ist kein Angriff auf die Autorität der Bibel, sondern lehrt die Bibel als lebendige Auseinandersetzung um die Sache Gottes zu begreifen. Als solche zielt sie auf ein dialogisches Bibelverständnis.
Gerade die historisch-kritische Methode mit ihrem feinen Instrumentarium hat die Unterschiede und das je

eigene theologische Profil der biblischen Schriften und Textschichten aufgedeckt. Wir haben vier Evangelien, die recht verschieden von Jesu Leben und Worten berichten; wir haben die Paulusbriefe und den Jakobusbrief, die zum zentralen theologischen Thema »Rechtfertigung« einen geradezu gegensätzlichen Standpunkt vertreten; wir haben zwei Schöpfungserzählungen, die sich nicht auf einen Nenner bringen lassen; und wir haben gar vier Darstellungen der Offenbarung Gottes am Sinai, die auf recht verschiedene Willenskundgaben Gottes hinauslaufen. Wer diese Ergebnisse als Angriff auf die Autorität der Bibel auffaßt, muß sich fragen lassen, ob er die Bibel recht versteht. Die Bibel läßt ganz unterschiedliche Sichtweisen der Heilsgeschichte ausdrücklich zu und kennt nicht das »nackte Faktum«. Sie will offenbar gar keine widerspruchslose Lehre sein, sondern ein vielstimmiges Zeugnis. Dem Wort Gottes, das sie bezeugt, eignet offenbar keine ewig unveränderliche Wahrheit, sondern eine Wahrheit, die in unterschiedlichen geschichtlichen Situationen immer wieder neu ausgelegt und neu formuliert werden muß, um wahr zu bleiben.

Es kommt nun sehr darauf an, daß wir in der Auslegung und in der Kirche mit diesem Befund richtig umgehen. Ganz falsch ist es, ihn ängstlich zu leugnen oder doch herunterzuspielen, wie es in evangelikalen Kreisen geschieht. Damit bringt man sich um den Reichtum der Schrift.

Falsch ist es jedoch auch, wie es teilweise in der historisch-kritischen Forschung geschieht, ihn in ein verstaubtes historisches Kuriositätenkabinett abzuschieben, um sich aus ihm einige Schriften und Positionen, etwa die des Paulus oder die der Priesterschrift, herauszupicken und zu den gültigen zu erklären. Das führt nur zu einer fruchtlosen Diskussion um einen Kanon im Kanon und geht – genauso wie die evangelikale Position – von einem unbiblisch einlinigen Wahrheitsbegriff aus.

Nein, Aufgabe der Bibelauslegung muß es sein, die unterschiedlichen biblischen Texte als Ausdruck eines le-

bendigen Dialogs zu begreifen, in dem die biblischen Zeugen darum ringen, wie zu ihrer Zeit das Handeln Gottes zu verstehen und sein Wille auszudrücken sei. Die historisch-kritische Forschung hat, indem sie literaturgeschichtliche und historische Rekonstruktion zueinander in Beziehung setzt, alle Möglichkeiten, den »papierenen« Dialog wieder in einen lebendigen Dialog zurückzuübersetzen. Je genauer sie die historische Situation rekonstruiert, je genauer sie über die politischen Nöte, wirtschaftlichen Zwänge und sozialen Herausforderungen Auskunft zu geben vermag, um so genauer kann sie den Streit und den Kampf der biblischen Zeugen um Gottes Sache nachzeichnen: Was wollten die Jerusalemer Theologen mit ihrer Zionstheologie in den Psalmen, und warum zogen die Propheten Jesaja, Micha und Jeremia dagegen ins Feld? Was wollten die Deuteronomisten mit dem Ausschluß des Kultes aus der Sinaioffenbarung, und warum konnten sich die Priestertheologen damit nicht abfinden? Was wollte Markus mit seinem Evangelium, und was trieb Lukas dazu, es völlig umzuarbeiten? Was wollten die judenchristlichen Missionare in Galatien, und warum sah sich Paulus gezwungen, sie so schroff zu bekämpfen?
Wenn die historisch-kritische Forschung diese Dialoge und Konflikte so lebensnah wie möglich als echtes offenes Ringen beschreibt, so daß wir uns an dieser Auseinandersetzung beteiligen können, dann führt sie nicht etwa weg von der Gegenwart in eine verstaubte historische Abständigkeit, sondern auf die Gegenwart, auf unser Ringen in Theologie und Kirche zu.
Damit ermöglicht sie jedoch ein dialogisches Schriftverständnis, in dem die damaligen innerbiblischen und unsere gegenwärtigen Auseinandersetzungen um Gottes Sache über die Zeiten hinweg aufeinander bezogen sind. Indem wir uns in den Dialog der biblischen Zeugen einmischen und sie sich zugleich in unseren Streit einmischen lassen, gelangen wir zur Klärung darüber, was in unserer geschichtlichen Situation als aktuelle Botschaft der Bibel zu gelten hat, die Gott uns heute aufträgt.

Literatur

I. Baldermann, Der leidenschaftliche Gott und die Leidenschaftslosigkeit der Exegese, in: Jahrbuch für Biblische Theologie, Bd. II: Der eine Gott der beiden Testamente, 1987, 137–150.

R. Bäumer, Eine folgenschwere Verwechslung: »Bibel-Kritik«/»Text-Kritik«. Eine theologische Hilfe für Nichttheologen, Informationsbrief der Bekenntnisbewegung »Kein anderes Evangelium« 140, 1990, 18–21.

G. Bergmann, Alarm um die Bibel, 1963.

E. Drewermann, Tiefenpsychologie und Exegese, Bd. I: Die Wahrheit der Formen. Traum, Mythos, Märchen, Sage, Legende, 1984.

G. Ebeling, Die Bedeutung der historisch-kritischen Methode für die protestantische Theologie und Kirche, ZThK 47, 1950, 1–46.

G. Gutiérrez, Die historische Macht der Armen, 1984.

H.-J. Kraus, Geschichte der historisch-kritischen Erforschung des Alten Testaments, 1956.

G. Maier, Das Ende der historisch-kritischen Methode, ^{3}1975.

W. Marxsen, Der Streit um die Bibel, 1965.

H. Graf Reventlow, Epochen der Bibelauslegung, Bd. I: Vom Alten Testament bis Origenes, 1990.

»Aufrechten Ganges mit Gott wandern ...«

Bibelarbeit über Micha 6,1–8*

Die Losung des Kirchentags 1995: »Es ist dir gesagt, Mensch, was gut ist ...«, gilt gemeinhin als Quintessenz prophetischen Ethos' (*A. Weiser*, Buch, 182: »Klassischer Katechismus des prophetischen Ethos«; *G. von Rad*, Theologie II, 197: »Quintessenz der Gebote nach dem Verständnis der Propheten«; *W. Werner*, Micha 6,8, 245: »Summarium prophetischer Verkündigung«). In der Tat nimmt Mi 6,8 eine ganze Anzahl wichtiger Stichworte auf, um die die Verkündigung der Gerichtspropheten kreiste (vgl. zu *ṭob* »Gutes [tun]« Jes 1,17; 5,20; Mi 3,1, zu *mišpāt* »Recht, Gerechtigkeit [tun]« Jes 1,17; 5,7; Am 5,24; 6,12; Mi 3,1.8 und zu *ḥæsæd* »Güte, Freundlichkeit, Treue [üben]« Hos 6,6; 12,7). Eine solche Bündelung prophetischer Anliegen setzt allerdings schon einigen zeitlichen und sachlichen Abstand zur aktuellen Prophetie des 8. Jahrhunderts voraus.

1 Der Text von Mi 6,1–8

(1) Höret doch, was Jahwe sagt!
Auf, führe einen Rechtsstreit mit den Bergen,
daß die Hügel deine Stimme hören!
(2) Höret, ihr Berge, den Rechtsstreit Jahwes,
und 'horcht', ihr Grundfesten der Erde!
Denn Jahwe führt einen Rechtsstreit mit seinem Volk
und setzt sich mit Israel auseinander:
(3) »Mein Volk, was habe ich dir getan,
und womit habe ich dich ermüdet? Klag' mich an!

* Verfaßt für die Vorbereitungsmaterialien zum Kirchentag 1995 in Hamburg.

(4) Ich habe dich aus dem Lande Ägypten heraufgeführt
und habe dich aus dem Sklavenhause freigekauft.
Ich sandte vor dir her Mose, Aaron und Mirjam.
(5) Mein Volk, denk daran, was Balak,
der König von Moab, plante
und was Bileam ben Beor ihm antwortete,
'denk an deinen Übergang' von Schittim nach Gilgal,
damit (du) erkennst die Erweise der Gerechtigkeit Jahwes!«
(6) »Womit soll ich Jahwe entgegentreten,
mich beugen vor dem Gott der Höhe?
Soll ich vor ihn treten mit Brandopfern
und mit einjährigen Kälbern?
(7) Wird Jahwe Gefallen finden an Tausenden von Widdern
und an Zehntausenden von Ölbächen?
Soll ich meine Erstgeborenen für meinen Frevel geben,
die Frucht meines Leibes für die Sünde meines Innern?«
(8) Es ist dir gesagt, Mensch, was gut ist
und was Jahwe von dir erwartet:
nichts als Recht üben und Freundlichkeit lieben
und aufmerksam mitgehen mit deinem Gott.

2 Zeitliche Einordnung

Die redaktionsgeschichtliche Forschung der letzten Jahrzehnte hat immer deutlicher erkennen lassen, daß die Prophetenbücher einen kürzeren oder längeren Prozeß der Sammlungen, Bearbeitungen und Redaktionen durchlaufen haben, bei dem die Botschaft der Propheten, unter deren Namen sie zusammengefaßt wurden, in jeweils neuen geschichtlichen Situationen neu ausgelegt und fortgeschrieben wurden. Sie sind somit ein Zeugnis vom lebendigen Fortwirken des prophetischen Gotteswortes in der Geschichte Israels.
Einen solchen Entstehungsprozeß hat auch das Michabuch durchlaufen, auch wenn er in manchen Details noch nicht völlig aufgeklärt ist (vgl. *H.W. Wolff*, Micha, XXVII–XXXVII; *E. Otto*, Art. Micha/Michabuch, 698–700). Gesichert ist, daß an einen ersten Buchteil (Mi 1–3), in dem einige Gerichtsworte des Micha von Moreschet aus dem 8. Jahrhundert zusammengestellt wurden (Mi 1,10–16; 2,1–4*.8–10; 3,1–4.5–7.9–12),

ein zweiter Buchteil (Mi 4–5) mit Heilsworten aus der Exilszeit angehängt wurde. Dabei wurde Jahwes Handeln an Israel in Gericht und Heil als weltgeschichtlicher Prozeß stilisiert, den er von seinem Heiligtum aus mit den Völkern führt (vgl. 1,2f; 5,14). Mi 6,1–8 gehört dagegen zum dritten Teil des Michabuches (Mi 6–7), der – in 6,1a den Höraufruf von 1,2 aufnehmend – erst nachträglich, das heißt frühestens in spätexilischer, wahrscheinlich aber erst in nachexilischer Zeit an das exilische Michabuch angehängt wurde. Dieser Teil enthält – dem Tritojesajabuch vergleichbar – sowohl Gerichts- als auch Heilsworte.
Diese redaktionsgeschichtlichen Beobachtungen schließen zwar nicht völlig aus, daß Mi 6,2–8 auf Micha selber zurückgehen, wie einige Ausleger noch annehmen (*Th. Lescow*, Micha 6,6–8, 22.32f; *W. Rudolph*, Micha, 113), machen es aber eher unwahrscheinlich. Wegen der Erwähnung der Kinderopfer in V. 7b hat man den Text gern in die Manassezeit datiert, da im 7. Jahrhundert ein vergleichbarer Brauch im sog. Moloch-Opfer – wiewohl vereinzelt auch schon Ahas zugeschrieben (2Kön 16,3) – breit belegt ist (2Kön 17,17.31; 21,6; 23,10; Dtn 18,10; Jer 7,31; 19,5; 32,35 u.ö.). Doch sprechen gegen eine vorexilische Ansetzung die engen sprachlichen und auch formalen Parallelen zur deuteronomischen/deuteronomistischen Literatur (vgl. z.B. die Bezeichnung Ägyptens als »Sklavenhaus« [Mi 6,4; Dtn 5,6; 6,12; 7,18 u.ö.]), insbesondere zu einigen deuteronomistischen Mahnreden (Dtn 10,12ff; Jos 24; 1Sam 12), auf die vor allem *H.W. Wolff*, Micha, 143f aufmerksam gemacht hat. So tendieren heute immer mehr Forscher zu einer exilischen oder nachexilischen Ansetzung (ebd., 145.148: »frühe Perserzeit«; *Th. Lescow*, Analysen, 193: »erste Hälfte des 5. Jh.«; *W. Werner*, Micha 6,8, 237: »fortgeschrittene nachexilische Zeit«). Für eine Datierung nach dem Wiederaufbau des Tempels (520–515 v.Chr.) spricht vor allem die kultkritische Tendenz von Mi 6,6–8. Sie findet sich – ähnlich gelagert – in anderen prophetischen Texten der persischen Zeit (Jes 58; 66,1–4). Nimmt man noch die

Beobachtung von *H.W. Wolff*, Micha, 144 hinzu, daß der Geschichtsrückblick Mi 6,4f offenbar schon den fertigen Pentateuch (vgl. Aaron und Mirjam neben Mose, sonst nur noch 1Chr 5,29) und das vorliegende Josuabuch voraussetzt (Num 25,1; Jos 3), dann gelangt man – wenn man sich die neue Pentateuch-Hypothese von E. Blum zu eigen macht – etwa in die Mitte des 5. Jahrhunderts. Mi 7,7b spricht nicht gegen eine solche Ansetzung, denn hier ist keineswegs von Moloch-Opfern, sondern von menschlichen Erstgeburtsopfern für Jahwe die Rede, die auch schon in vorexilischer Zeit längst durch Tieropfer abgelöst waren (Ex 13,15; 34, 20).

3 Einheit und Form

Nach hinten ist die Texteinheit klar abgegrenzt: Mit Mi 6,9–15(.16) beginnt ein neues prophetisches Gerichtswort. Bei dem Höraufruf 6,1a, aber wahrscheinlich auch in der Aufforderung 1b handelt es sich um eine redaktionelle Überleitung. Denn der hebräische Text von 1b lautet wörtlich: »Auf, führe einen Rechtsstreit *mit* den Bergen ...«, nicht »*vor* den Bergen«, was V. 2, wo die Berge als Zeugen des Rechtsstreits aufgerufen werden, widerspricht. Mit den »Bergen« und »Hügeln« sind im Kontext des Michabuches offensichtlich die Völker gemeint (vgl. 5,14; 4,1). Durch die Überleitung will der Redaktor, der den 3. Teil des Michabuches anfügte, dem Rechtsstreit Gottes mit Israel (6,2ff) in Analogie zum 1. und 2. Teil (vgl. 1,2; 5,14) eine universale Dimension geben (vgl. 7,16f).
Die Texteinheit geht somit von V. 2 bis V. 8. Früher neigte man häufig dazu, den Text nochmals in zwei Einheiten zu unterteilen, weil sie unterschiedlichen Gattungen anzugehören scheinen: V. 2–5 sind als Gerichtsverhandlung Jahwes gegen sein Volk Israel stilisiert, V. 6–8 erinnern dagegen an die Tempeleinlaßliturgie (so schon *H. Gunkel / J. Begrich*, Einleitung, 408f), bei der die Gottesdienstteilnehmer nach den Ein-

laßbedingungen für den Tempel fragten und von den Priestern Antwort erhielten (Mi 6,6f.8; vgl. Ps 15,1.2–5; 24,3.4). Die Gerichtsszenerie ist somit in V. 6, spätestens in V. 8 verlassen: Die Antwort auf die Fragen V. 6f wird nicht mehr von Gott selber, sondern von einer menschlichen Stimme gegeben, wie das Reden von »Jahwe« in der 3. Person anzeigt.
Allerdings bliebe ohne die Fortsetzung V. 6–8 die Gerichtsszene V. 2–5 ein Torso, weil auf die Fragen Jahwes: »Mein Volk, was habe ich dir getan, und womit habe ich dich ermüdet?« (V. 3a) sowie auf seine ausdrückliche Aufforderung: »Klage mich an!« (V. 3b) keine Antwort Israels erfolgte. Außerdem ist die formkritische Zuordnung von V. 6–8 keineswegs eindeutig: Es wird ja nicht gefragt, *wer* zum Heiligtum Zutritt hat, wie in der Tempeleinlaßliturgie, sondern *womit* der Beter Gott nahen dürfe. So könnte man eher die Bitte um Erteilung einer priesterlichen Weisung (Tora) als Formvergleich heranziehen. Vergleicht man aber die überlieferten Priester-Weisungen in Hag 2,10–14 mit Mi 6, so wird schnell deutlich, daß sowohl die Anfragen als auch die Antworten anderen Charakter hatten. Hier ging es um spezielle Auslegungen der Bestimmungen von rein und unrein usw., nicht um derart grundsätzliche Fragen. So kommen neuere Ausleger darin überein, daß Mi 6,2–8 zwar unterschiedliche Gattungselemente nachahmt, sie aber frei rhetorisch verwendet (*H.W. Wolff*, Micha, 138ff; *W. Werner*, Micha 6,8, 235f). Daß der gesamte Text bewußt komponiert worden ist, zeigt sich auch daran, daß der Übergang von der göttlichen Rede zur menschlichen Rede keineswegs abrupt, sondern »schleichend« erfolgt (Rede von Jahwe in der 3. Person schon in V. 5 wie dann in V. 6–8). Fast unmerklich wird der Hörer von der Auseinandersetzung mit Gott zur prophetischen Weisung am Schluß hinübergeleitet. Mi 6,2–8 sind somit als Einheit auszulegen. Es handelt sich um eine dramatisierte »Lehrpredigt« (*H.W. Wolff*, Micha,, 141), ja sogar um ein dramatisches »Lehrstück« (*W. Werner*, Micha 6,8, 236), die auf die Spitzenaussage V. 8 zulaufen.

Weil in Mi 6,2–8 eindeutige zeitgeschichtliche Anspielungen fehlen und die Datierung des Textes umstritten ist, wird kaum versucht, den Text wirklich geschichtlich auszulegen. Ja, man versucht noch, aus der Not eine Tugend zu machen, indem man die »Zeitlosigkeit« von Mi 6,8 hervorhebt (vgl. *H.W. Wolff*, Micha, 145).

Doch gibt es im Text durchaus einige Hinweise, die auf eine konkrete Problemlage deuten: Jahwes erste Frage: »Mein Volk, was habe ich dir getan?« (V. 3aα) setzt eine tiefe Unzufriedenheit Israels mit seinem Gott voraus. Seine zweite Frage: »Womit habe ich dich ermüdet bzw. überfordert (*lā'ā* hif.)?« (V. 3bβ) weist auf eine ernste Erschöpfung und Enttäuschung Israels im Umgang mit seinem Gott. Dabei kann das Nomen *tĕlā'ā* die Mühsal Israels in verschiedenen Notsituationen bezeichnen (Ex 18,8; Num 20,14; Klgl 3,5; Neh 9,32); das Verb kann auf Anstrengungen des Opferdienstes bezogen sein (Jes 16,12; Mal 1,13 vgl. Jes 1,14), wie es sich auch aus der Reaktion des Volkes in Mi 6,6f nahelegt. Dann ist aber die Situation des Textes dadurch gekennzeichnet, daß Israel in einer lang anhaltenden Notsituation Jahwe unter erheblichen materiellen Opfern zum rettenden Eingreifen bewegen möchte, ohne daß er sich bewegen läßt. Israel sieht sich durch einen Berg von Sünden von seinem Gott getrennt, ohne daß die kultischen Möglichkeiten auszureichen scheinen, diese Belastung wegzuschaffen (Mi 6,7). Zudem läßt die prophetische Belehrung V. 8 soziale Probleme in der Gesellschaft vermuten.

Die Problemlage paßt aber nun sehr gut in die frühnachexilische Zeit, wie wir sie auch aus anderen Texten kennen (vgl. dazu im einzelnen *R. Albertz*, Religionsgeschichte II, 468–555): Die hochfliegenden Verheißungen Deuterojesajas auf eine triumphale Rückkehr der Exilierten und der Errichtung der Königsherrschaft Jahwes auf dem Zion (Jes 52,7–12) hatten sich nicht erfüllt. Im Gegenteil, die Rückwanderer fanden in der alten Heimat außerordentlich ärmliche Verhältnisse vor

(Hag 1,6.10; 2,15.18). Auch die heißen Heilshoffnungen, die die Propheten Haggai und Sacharja an den Wiederaufbau des Tempels geknüpft hatten (Hag 2,6–9.21–23; Sach 2,5–8; 8,1–7), hatten sich zerschlagen. Die große Heilswende blieb aus. Was blieb, war der mühevolle Aufbau eines bescheidenen judäischen Gemeinwesens unter persischer Oberherrschaft unter der Leitung realistisch gesinnter Ältester und Priester. Dabei gelangen durchaus nicht zu verachtende Erfolge: Eine Teilautonomie von Ältestenrat und Priesterkollegium konnte unterhalb der Regierung des persischen Statthalters erreicht werden. Die kulturellen und religiösen Freiheiten, die die Perser den von ihnen beherrschten Völkern gewährten, erlaubten, sowohl mit ihrer materiellen Unterstützung einen funktionierenden Jahwekult im Jerusalemer Tempel zu etablieren als auch unter dem Rechtsschutz des persischen Staates im Pentateuch eine religiöse und rechtliche Grundlage für alle Juden des Reiches zu schaffen (Esr 7). Dennoch blieb die politische Lage lange Zeit prekär: Bis in die Zeit Nehemias (um 450 v.Chr.) war Jerusalem eine offene Stadt, in die nicht nur der eifersüchtig auf seine Vorrechte bedachte Statthalter von Samaria, sondern alle möglichen ausländischen Potentaten hineinregieren konnten (vgl. den Araber Geschem [Neh 6] und den Ammoniter Tobia, der im Tempel sogar eine Vorratskammer beanspruchte [Neh 13,4ff]). Erst durch Nehemias Mauerbau kam es zu einer gewissen politischen Konsolidierung.

Zudem gestalteten sich die wirtschaftlichen Verhältnisse zunehmend schwieriger. So liberal die Perser in kultureller und religiöser Hinsicht waren, so unerbittlich waren sie in wirtschaftlichen Dingen. Schon Darius hatte das Finanzwesen des Reiches dadurch reformiert, daß er anstelle prozentualer Natural-Tribute einen festen Steuersatz in Silbergeld einführte. Diese »Königssteuer« (Neh 5,4f) bedeutete für die traditionell auf Selbstversorgung zugeschnittenen kleinbäuerlichen Betriebe des ärmeren Teils der judäischen Bevölkerung eine schwere zusätzliche Belastung, die sie neben der Steuer für den Statthalter (Neh 5,18) und den zahlreichen Abgaben und Zahlungen an den Tempel (Erstlingsopfer, Opferanteile für Priester, Zehnte, 1/3 bzw. 1/2 Schekel Tempelsteuer, Holzlieferungen usw.) durch Überschußproduktion erwirtschaften mußten. So steuerte die judäische Gesellschaft im 5. Jahrhundert in eine schwere soziale Krise, wie sie uns schlaglichtartig Neh 5 verdeutlicht: Die armen Bevölkerungsgruppen, die durch Mißernten und hohe Abgabenbelastung gezwungen werden, bei den wohlhabenden Großgrundbesitzern Geld zu leihen, geraten immer tiefer in die Mühle des harten antiken Kreditrechts: Sie müssen zuerst ihre Äcker und dann ihre Familienmitglieder verpfänden, um schließlich selbst in die Schuldknechtschaft zu wandern. In Neh 5 revoltieren sie gegen ihre Kreditgeber, die ihre Rechte unbarmherzig gegen sie durchsetzen, und erreichen mit Nehemias Unterstützung einen Schuldenerlaß. Doch damit ist die strukturelle Schuldenkrise nicht beseitigt. Wir hören aus einer Vielzahl von Texten dieser Zeit, wie sich ein hartes und rücksichtsloses wirtschaftliches Klima in der judäischen Gesellschaft breitgemacht hat: Selbst noch an Fastentagen, wo man in großen Trauergottesdiensten Gott um Zuwendung anfleht, treiben die Kreditgeber unter Einsatz körperlicher Gewalt ihre 'Pfänder' ein (Jes 58,3f; so die Lesart der griechischen Bibel statt »Arbeiter«). Die gesellschaftliche Solidarität droht völlig zu zerbrechen (Neh 5,5; Jes 58,6f). Wenn wir aus dem etwas früheren Maleachibuch (um 480) hören, daß man Jahwe kranke und fehlerhafte Tiere als Opfer darbrachte (Mal 1,6ff), um die gesunden wirtschaftlich nutzen zu können, dann wird deutlich, wie auch der Tempelkult selber durch das rücksichtslose, allein auf eigenen Vorteil bedachte Verhalten, das vor allem die Oberschicht an den Tag legte, beschädigt wurde. Die ernste Sühnopfer-Theologie, die von der Priesterschaft aus den leidvollen Erfahrungen des Exils entwickelt worden war, hatte die Zahl der Opfer und Opferanlässe vermehrt (Lev 1–6; 16), konnte aber offenbar wenig zur Besserung der gesellschaftlichen Lage beitragen, ja war, weil sie vor allem den Begüterten, die sich viele Opfer leisten konnten, leichte Sühnemöglichkeit anbot, vielleicht sogar kontraproduktiv. Dies ist meiner Meinung nach die zeitgeschicht liche Situation, in der ein Prophetenschüler seine Stimme zu der leidenschaftlichen Predigt Mi 6,2–8 erhob.

5 Einzelauslegung

V. 2 Prozeßeröffnung: Ähnlich wie einst Jesaja (Jes 1, 2) ruft der Prediger den ganzen Kosmos zum Zeugen an, um die Bedeutung der Auseinandersetzung Jahwes mit seinem Volk zu unterstreichen. Die »Berge« und die »Grundfesten der Erde«, die majestätische Hoheit und Tiefe der Welt, beide symbolisieren ihren Bestand, der die Kurzatmigkeit menschlicher Geschichte weit überdauert (vgl. Ps 90,2). Diese kosmischen Zeugen, die schon soviel an Auf und Ab der Weltgeschichte erlebt haben, sollen mit anhören, wie Jahwe mit seinem Volk, das ja im persischen Reich nur eine kleine, marginale Gruppe darstellt, einen Rechtsstreit (*rīb*) beginnt. Er läßt es nicht allein in seiner Orientierungslosigkeit, sondern ist bereit, sich leidenschaftlich mit ihm auseinanderzusetzen (*jākaḥ* hitp.).

V. 3 Selbstverteidigung Gottes: Das Besondere von Mi 6,3f gegenüber anderen prophetischen Verwendungen der Rechtsstreitszenerie (Jes 1,2 u.ö.) ist, daß der Prediger nun Jahwe nicht mit einer Anklagerede fortfahren läßt, sondern mit einer Verteidigung Gottes: »Was habe ich dir getan?«, so fragen in zwischenmenschlichen Prozessen die Angeschuldigten (1Sam 17,29; 26,18; 29, 8). Es ist ihm offensichtlich wichtig zu betonen: Gott nimmt sein Volk als vollwertigen Partner ernst; er bügelt es in seiner Not und Orientierungslosigkeit nicht einfach mit eigenen Anschuldigungen nieder. Im Gegenteil, er räumt ein, daß möglicherweise das Volk mit seinen Anklagen und Beschwerden gegen ihn recht hat; daß es sein Handeln, sein lang anhaltendes Unsichtbarwerden in der Weltgeschichte ist, das das Zerwürfnis verursacht hat; daß es seine fortgesetzten Beschuldigungen, ethischen Appelle und kultischen Forderungen, die ab der Exilszeit Propheten und Priester in seinem Namen als Voraussetzung für das Kommen der ausgebliebenen Heilswende verkündet haben, sind, die sein Volk überfordert und ermüdet haben. Wenn Jahwe sein Volk in V. 3b auffordert, seine Anklagen vorzubringen (*'ānā* »entgegnen, antworten«, hier im forensischen Sinn wie 2Sam 1,16; Jes 3,9; Hi 9,14), aber nicht sofort eine Antwort erfolgt, ist nicht gemeint, daß »ein Mensch, der einen anderen hintenherum beschimpft und verwundet, oft bei der Konfrontation sehr rasch kleinlaut wird« (*W. Rudolph*, Micha, 110). Vielmehr hat die »Lücke« in der Predigt die rhetorische Funktion, daß die Hörer ihre Vorwürfe im stillen formulieren. Die harten Fragen der frühnachexilischen Zeit, ob es nicht irgendwann mit der Geduld gegenüber Gott vorbei und die Belastbarkeit durch ihn unerträglich sei, die viele dazu brachten, sich von Gott abzuwenden und nur noch den eigenen Vorteil zu suchen, werden von Jahwe nicht abgeschmettert, sondern in der Auseinandersetzung zwischen ihm und seinem Volk ausdrücklich zugelassen.

V. 4–5 Widerlegung Gottes: Gegen die im stillen formulierten Vorwürfe läßt der Prediger Jahwe an seine Wohltaten für sein Volk am Anfang der Geschichte Israels erinnern: »Ja, ich habe dich (doch) aus dem Lande Ägypten heraufgeführt und aus dem Sklavenhause freigekauft«. Die Ähnlichkeit der Verbformen *hæl'ētīkā* »ich habe dich ermüdet« und *hæ'ælītīkā* »ich habe dich heraufgeführt« und die Wahl des Verbs *pādā* »freikaufen«, das auch sozial den Loskauf aus Schuldsklaverei bezeichnet, sollen unterstreichen, daß die Erinnerung an den Exodus als Widerlegung des Schuldvorwurfs des Volkes gemeint ist: »›Ich sollte dich *be*lastet haben? Ich habe dich *ent*lastet!‹ oder: ›Ich sollte dich *nieder*gedrückt haben? Ich habe dich doch *herauf*geführt!‹« (so treffend *H.W. Wolff*, Micha, 148). Die Erinnerung an den Gott des Exodus soll das durch die Belastungen der persischen Gegenwart verdunkelte Gottesbild wie-

der zurechtrücken. Jahwe hat in der Geschichte gehandelt, und er hat sein Volk aus der Not und Last der ägyptischen Sklaverei befreit. Darum kann er eine erdrückende Belastung seines Volkes nicht wollen, sei sie nun politisch, kultisch oder sozial.
Jahwe hat sein Volk aber nicht gerettet, um es anschließend alleinzulassen. Er hat Führer vor ihm hergeschickt, um ihm den Weg zu weisen. Es sollte nicht orientierungslos bleiben auf dem Weg durch die Wüste in das Land der Freiheit. Mose galt in frühnachexilischer Zeit als Ahnherr des Ältestenrates (Num 11,16ff), der durchaus auch prophetische Kompetenz für sich in Anspruch nahm, Aaron als Ahnherr der Jerusalemer Priesterschaft, d.h. der beiden judäischen Selbstverwaltungsgremien; so bedeutet die Nennung der beiden alten Führungsgestalten, daß auch in der Gegenwart das Volk nicht völlig führungslos allein gelassen worden ist. Die auffällige Nennung Mirjams neben den beiden männlichen Ahnherren (sonst nur noch 1Chr 5,29) soll vielleicht speziell die weiblichen Mitglieder der Gemeinde daran erinnern, daß es eine Frau war, die zuerst das Lob der durch Jahwe Befreiten sang (Ex 15,20f).
Auffällig ist auch die betonte Erinnerung an die Balak-Bileam-Geschichte Num 22–24, die in der prophetischen Literatur nur hier begegnet. Die Episode vom moabitischen König, der einen berühmten Seher aufbot, um Israel zu verfluchen, zu dezimieren und aus dem Land zu treiben (Num 22,2–6), Gott aber Bileam zwang, Israel zu segnen und eine große Zukunft zu verheißen, soll doch wohl in der frühnachexilischen Zeit, wo Israel unter der Herrschaft der Perser und dem Druck vieler Ausländer stand, ein Hoffnungssymbol darstellen, daß Israel dennoch nicht ausgelöscht und wieder zu einem gesegneten Volk unter den Völkern wird. Der Übergang (ergänze *bĕʿåbrĕkā*) über den Jordan von Schittim nach Gilgal (Jos 3,1; 4,20) wird wohl deswegen extra erinnert, um zu unterstreichen, daß Israel damals das Land der Freiheit wirklich erreichte, das von Jahwe in Ägypten begonnene Entlastungs- und Befreiungswerk wirklich gelang.

Die Funktion der Erinnerung an Jahwes Befreiungswerk in der Vergangenheit zielt auf die Rechtfertigung Gottes vor seinem Volk in der Gegenwart: »damit du die Erweise der Gerechtigkeit Jahwes erkennst«. Das hebräische Wort *ṣĕdāqā* »Gerechtigkeit«, das hier im Plural steht, meint als »gemeinschaftsgerechtes Verhalten« zugleich die Rettungstaten Gottes an Israel (Ri 5,11; 1Sam 12,7; Ps 103,6; Dan 9,16) und den Erweis seines Teils der Verpflichtungen, die er aus dem besonderen Verhältnis zu seinem Volk übernommen hat. Der Prediger will sagen: Erinnert euch, Jahwe hat das Seinige getan, um euch zu befreien und nicht zu versklaven. Und ihm kommt es darauf an, dieses Wissen aus der Geschichte Gottes mit seinem Volk auch in der belastenden Gegenwart zu bewahren.

V. 6–7 Israels Anfragen: Die Prozeßrede Jahwes hat nicht die beabsichtigte entlastende Wirkung, im Gegenteil. Vielmehr stellt es der Prediger so dar, daß Israel auf die grandiose Selbstrechtfertigung Gottes nur mit noch größerer Selbstüberforderung reagiert. Im Stil der Tora-Erkundigung an den Priester läßt er einen einzelnen, der im Duktus des Textzusammenhangs das ganze Volk repräsentiert, die Frage stellen, womit er Jahwe angemessen entgegentreten und sich vor diesem überragenden »Gott der Höhe« beugen könne (V. 6a). Diese Grundfrage läßt er das Volk in drei sich steigernden möglichen Angeboten entfalten: Die erste Stufe nennt Brandopfer, die vornehmste Opferart, weil sie Jahwe ganz hingegeben werden, dazu noch solche von kostbaren einjährigen Kälbern (V. 6b), die nur ganz selten gefordert werden (Lev 9,3). Normalerweise beschränkte man sich auf jüngere Tiere (ab dem 8. Tag), die noch nicht soviel an Futter gekostet hatten. Es geht hier also um eine qualitative Steigerung der Verzichtsleistung für Gott. Die zweite Stufe nennt »Tausende von Widdern« und »Zehntausende von Ölbächen« (V. 7a), d.h. eine riesige quantitative Steigerung der Opfer, wie sie in Israel nur in der legendären Verklärung großer Ereignisse vorgekommen sein sollen (vgl. 1Kön 8,63; 1Chr

29,21; 2Chr 29,32). Dabei benötigte man das Öl für die Zubereitung der Speiseopfer, die in nachexilischer Zeit jedem Tieropfer beigegeben werden mußten (Num 15,1–16). Die dritte Stufe gipfelt in der Hingabe des Erstgeborenen als Sühnopfer (V. 7b), d.h. des Liebsten und Teuersten, was ein Familienvater besaß. Solche Kinderopfer sind aus Israel (Gen 22; Ri 11,34–39) und seiner näheren Umwelt (2Kön 3,27) nur ganz sporadisch für äußerste Notfälle belegt und waren schon in vorexilischer Zeit längst durch Tieropfer ersetzt (Ex 22,28; 13,2.15; 34,20).
Natürlich sind diese Angebote nicht real und selbst dann, wenn man die Aufblähung des Opferkultes in der nachexilischen Zeit in Rechnung stellt, eine groteske rhetorische Übertreibung. Dennoch habe ich meine Zweifel an der gängigen Auslegung, der Prediger wolle damit den Opferkult grundsätzlich ad absurdum führen (vgl. *H.W. Wolff*, Micha, 152; *W. Werner*, Micha 6,8, 243). Dagegen spricht schon die Nennung Aarons unter den von Gott gesandten Führern Israels in V. 4; dagegen spricht auch die Einbeziehung des menschlichen Erstgeburtsopfers, das – soweit erkennbar – in Israel nie Bestandteil des regulären Opferkultes war. Es ist nicht der Opferkult an sich, sondern eine falsche devote Frömmigkeit, die sich seiner bemächtigt hat, welche der Prediger aufdecken und in karikierender Übertreibung ad absurdum führen will: Es ist eine Frömmigkeit, die Gott ganz groß macht (vgl. »Gott der Höhe« [V. 6a]; die Gottesbezeichnung *'ælōhē mārōm* begegnet nur hier!) und den Menschen so klein, daß er sich vor ihm nur zusammenkrümmen kann (*kāfaf* bedeutet eigentlich: »die Handfläche zur Faust krümmen« und ist ein ganz untypischer Ausdruck für religiöse Demütigung; vgl. ironisch Jes 58,5). Es ist eine Frömmigkeit, die von dem tiefen Bewußtsein menschlicher Sündigkeit geprägt ist (V. 7b); und es ist eine Frömmigkeit, die ständig ängstlich um die selbstquälerische Frage kreist, womit der kleine, sündige Mensch den Abstand zwischen sich und Gott überwinden kann, zu welchen großen Verzichtsleistungen er bereit sein muß, um ihn gnädig zu stimmen

und mit ihm ins reine zu kommen. Eine solche Frömmigkeit war in der frühnachexilischen Zeit durchaus verbreitet. Aus einer Klage dieser Zeit, die Jes 58,3a zitiert: »Warum fasten wir, und du siehst es nicht, kasteien uns, und du beachtest es nicht?«, wird deutlich, aus welcher theologischen Not sie entsprang: Trotz dauernder kultischer Selbstdemütigung schien Jahwe fern und unerreichbar zu sein. Was lag näher, als die Opfer und Sühnmittel zu erhöhen, um ihm dennoch gerecht zu werden? Der Prediger will somit – trotz aller Karikierung – in Mi 6,6f auf eine reale theologische Not der nachexilischen Zeit eingehen. Er will deutlich machen, daß hinter der religiösen und kultischen Überforderung, so fromm sie sich auch gebärdet, ein falscher theologischer Ansatz steht. Der quälerische Versuch, durch Demütigung und Verzichtsleistungen Jahwe gerecht zu werden, ist ein falscher Weg, der, konsequent zu Ende gegangen, zur Selbstopferung des Menschen führt. Den aber kann der Gott, der Israel aus der Sklaverei erlöst hat, nicht wollen.

V. 8 Weisung an Israel: Auf die Ratlosigkeit seiner nachexilischen Zeitgenossen, die sich über die Überforderung durch Gott beschweren (V. 5) und aus lauter devoter Frömmigkeit in eine kultische Selbstüberforderung hineinsteigern, antwortet der Prediger – nun in die Rolle eines Tora erteilenden Priesters schlüpfend – in V. 8 mit seiner klaren und einfachen Weisung: »Es ist dir gesagt, Mensch, was gut ist und was Jahwe von dir erwartet ...«
Das erste Wort *higgīd* (konstruiert in der 3. Pers. Perf. Aktiv [»er hat gesagt«] mit unpersönlichem Subjekt »man«), das meist in profanem Kontext verwendet wird (»kundtun, mitteilen«), hebt dabei nicht auf einen speziellen Offenbarungsvorgang ab, auch wenn es zuweilen bei der Sinaioffenbarung vorkommt (Dtn 4,13; 5, 5), sondern betont, daß die Sache längst mitgeteilt ist und darum bekannt sein sollte: »Ihr braucht gar nicht angestrengt und in quälender Unsicherheit zu suchen, was Gott von euch will, es ist längst eindeutig und klar.«

An welche Vermittlung der Prediger dabei denkt, ist nicht ausgesprochen; als Mann, der sich intensiv mit der prophetischen Botschaft beschäftigt, hat er wahrscheinlich vor allem die Propheten im Auge, die er aber wohl schon – wie Hosea (12,10.14) und die deuteronomistischen Bearbeiter des Jeremiabuches (Jer 11,1–14 u.ö.) – in eine durchgehende Linie mit Mose stellt. Wichtiger als diese Detailfrage ist jedoch, daß der Prediger mit seiner Weisung gar nichts Neues sagen, sondern nur in Erinnerung rufen will, was längst gesagt ist (vgl. die prophetischen Kultkritiken Am 4,4f; 5,21–24.27; Jes 1,10–17; Jer 6,19f; 7,1–15 u.ö.).
Die Anrede »Mensch« (*'ādām*) meint im Kontext von Mi 6,2–8 ursprünglich nur das einzelne Mitglied des ersten Gottesvolkes (vgl. V. 2.3.5); erst im Horizont der universalisierenden Bearbeitung von Mi 6,1 bekommt es dann auch eine allgemeine Bedeutung. Eine solche Anrede kommt auch sonst in der Gattung der Priester-Tora vor (Lev 1,2; 13,2 u.ö.), aber gelegentlich auch da, wo eine grundsätzliche Aussage über das Gottesverhältnis gemacht werden soll (vgl. Dtn 8,3: »Der Mensch lebt nicht vom Brot allein ...«). Vom ganzen Duktus des Textes her ausgeschlossen ist die Meinung von *E. Sellin*, Micha, 343, die Verwendung der Anrede »Mensch« solle die »Nichtigkeit des Angeredeten gegenüber der Majestät Gottes betonen«. Denn im Gegensatz zur ängstlich-devoten Frömmigkeit, die sich in V. 6 ausspricht, will der Prediger einen jeden seiner Zeitgenossen gerade auf seine Fähigkeit, als Mensch aktiv vor Gott Verantwortung zu übernehmen, ansprechen. »Mensch« hat im Text eher den Klang eines würdigen Partners Gottes.
Im Bemühen darum, seinen Zeitgenossen aus ihrem Ärger über die Zumutungen Gottes und aus ihren ängstlich zu Übertreibungen neigenden Mutmaßungen über die Forderungen Gottes herauszuhelfen, versucht er das, was Gott wirklich will, auf die einfachste und klarste Formel zu bringen: was gut ist (*mā ṭōb*). Was ist damit gemeint? *ṭōb* »gut« ist im Hebräischen nicht auf eine »absolute« sittliche Norm bezogen, sondern ein relatio-

naler Begriff: Er bezeichnet, was für den Menschen nützlich, förderlich und richtig ist, und er umfaßt den gesamten Tun-Ergehen-Zusammenhang: sowohl das gute sittliche Tun als auch das Wohlergehen. Beide Bedeutungsnuancen schwingen wohl in Mi 6,8 mit: Im Kontrast zu den sich bis zur Selbstaufgabe steigernden kultischen Verzichtsleistungen (V. 6–7) meint »was gut ist« das dem Menschen Förderliche, das ihm einen Weg eröffnet, auf dem er die glückliche Erfüllung seines Lebens finden kann. Bezogen auf die folgenden Näherbestimmungen in V. 8b ist das richtige, das gute Verhalten gemeint, wie ja auch zumeist in den Parallelen aus der prophetischen Literatur (»Gutes tun« [Jes 1, 17]; »das Gute suchen« [Am 5,14f])

Mit der Konzentration auf das Wesentliche stößt der Prediger auf die allgemeine anthropologische Ebene vor. Denn um das gute Tun und das Gute für den Menschen ging es keineswegs nur in der speziellen Heilsgeschichte Israels und den von Jahwe darin geoffenbarten Geboten und Gesetzen (so dezidiert *H.W. Wolff*, Micha, 153), sondern auch in der Weisheit. Das Wort begegnet hier allein 111mal; etwa ein Siebtel aller Belege finden sich somit in den Büchern Proverbien, Kohelet und Hiob. *G. von Rad*, Theologie II, 197 sprach zutreffend vom »Allerweltsbegriff ›des Guten‹«. »Was gut ist« war in Israel auch Gegenstand ganz menschlicher Überlegungen und Ratschläge (vgl. Hi 34,4; Koh 6,12; Prov 2,9; 11,27; 14,22; 15,8.19 u.ö.). In Gen 2–3 wird die Erkenntnis von Gut und Böse, d.h. die Fähigkeit des Menschen zur klugen, zwischen Förderlichem und Schädlichem abwägenden Daseinsgestaltung in den Zusammenhang seiner Erschaffung gestellt. Die Weisheit ist damit eine allgemein menschliche Fähigkeit. Wohl wird sie dort kritisch bewertet, indem erzählt wird, daß der Mensch diese Fähigkeit gegen ein ausdrückliches Verbot Gottes ergreift. Damit soll nicht etwa die Weisheit zur »Ursünde« erklärt, sondern nur die tiefe Ambivalenz der menschlichen Bemühungen um das Gute aufgedeckt werden: Was er für das Gute hält, ist häufig das Falsche; er gerät darum nicht selten in Kon-

flikt mit Gott und wird von ihm zur Verantwortung gezogen (zu dieser notwendigen Korrektur der gängigen Auslegung der »Sündenfallgeschichte« vgl. *R. Albertz*, Ihr werdet, 11–27). Dennoch bleibt die Fähigkeit des Menschen, sich für das, was gut ist, entscheiden zu können, unabdingbare Voraussetzung für die Weisung, die der Prediger in Mi 6,8 von Gott her erteilen will. Er spricht seine Zeitgenossen bewußt auf ihre sittliche Autonomie an: Was Gott euch durch Gesetz und Propheten gesagt hat, ist nichts anderes als das, worum ihr euch ständig selber bemüht. Damit ihr dabei nicht in die Irre geht, hat er es euch längst gesagt.
Was gut zu tun und förderlich für den Menschen ist, ist zugleich das, was Jahwe von jedem erwartet. Er fordert kein aufwendiges religiöses Duckmäusertum (V. 6f) bis hin zur frommen Selbstaufgabe für Gott, sondern schlicht das rechte, förderliche Verhalten, um das es dem Menschen bei seiner alltäglichen aktiven Lebensgestaltung auch geht. Die aktive verantwortliche Rolle, die jedem einzelnen dabei zukommt, wird unterstrichen durch die Formulierung, die der Prediger hier wählt: Er hätte es herrschaftlich ausdrücken können: »was Jahwe dir befiehlt« oder »gebietet«. Er verwendet aber den seltenen Ausdruck *dāraš mimmĕkā*, wörtlich »suchen von dir«. Vergleichbar ist nur noch Dtn 23,22, wo gesagt ist, daß Gott die Erfüllung abgelegter Gelübde erwartet (mit den verwandten Verben *biqqeš* »suchen« und *šā'al* »fragen« sonst nur noch Jes 1,12 und Dtn 10, 12). Normalerweise sind es die Menschen, die Gott suchen, sich zu ihm hinwenden (Gen 25,22; Ps 77,3; Jes 65,1; 2Chr 15,12f), hier ist es Gott, der dem Menschen nachgeht, der etwas bei ihm sucht, von ihm etwas erwartet. Die gängige Übersetzung »was der Herr von dir fordert« bringt also einen strengeren Ton hinein, als er im hebräischen Text beabsichtigt ist (klar die Bedeutung »fordern« hat das Verb *dāraš* nur in der Stellengruppe, wo es um die Einforderung des Blutes von der Hand des Täters geht: Gen 9,5; Ez 33,6; 34,10 u.ö.).
In V. 8b entfaltet der Prediger schließlich auf dreifache Weise, was mit dem von Gott gesagten und von ihm er-

warteten »Guten« gemeint ist: »nichts als Recht üben und Freundlichkeit lieben und aufmerksam mitgehen mit deinem Gott«. Mit der Formulierung »nichts als« (*kī 'im*) liegt ihm einmal daran, gegenüber der sich in kultischen Leistungen überschlagenden ängstlich-devoten Frömmigkeit seiner Zeit aufzuzeigen, daß es nur ganz wenige Dinge sind, die Jahwe von jedem einzelnen Israeliten will (vgl. auch Dtn 10,12). Gott will sein Volk nicht überfordern, sondern durch Konzentration auf das Wesentliche entlasten. Sodann macht er deutlich, daß im Gegensatz zu den Annahmen der falschen Frömmigkeit seiner Zeit Jahwe überhaupt nichts für sich selber fordert, seine wenigen Forderungen nach Recht und Solidarität sollen vielmehr den Menschen selbst zugute kommen, den Schwachen der israelitischen Gesellschaft, der Lebenserfüllung aller und damit dem Wohl des ganzen Volkes. Schließlich bricht er damit auch eine verbissen um die Probleme eines belasteten Gottesverhältnisses kreisende Kulttheologie auf und weist den einzelnen auf das weite Feld der brennenden sozialen Aufgaben seiner Zeit als den Ort, an dem sich die Gottesbeziehung Israels entscheidet.
Als erstes nennt der Prediger zwei grundlegende soziale Verhaltensweisen, die Gott von jedem einzelnen erwartet: »Recht üben und Freundlichkeit lieben«. *'āśā mišpāṭ*, wörtlich »Recht tun«, meint den tätigen Einsatz für Recht und Gerechtigkeit in der Gesellschaft, wie er von vielen Propheten als fehlend beklagt (Mi 3,1; Jes 1,17; 5,7; Am 5,7.15; 6,12; Jer 5,1) und von ihnen und ihren späteren Interpreten gefordert wurde (Am 5,24; Jer 7,5; 22,3; Sach 7,9). Dabei muß man wissen, daß sich die israelitische Vorstellung von Recht und Gerechtigkeit nicht an einer allgemeinen Norm, sondern am Lebensrecht der Armen und Schwachen ausrichtet. Recht tun meint darum mehr als das Achten auf Legalität und fairen Interessenausgleich, nämlich insbesondere, sich für die Randgruppen der Gesellschaft einzusetzen, damit diese zu ihrem Recht kommen (Sach 7,10; Jes 58,6–8). Wenn Luther übersetzt: »Gottes Wort halten«, hat er insofern recht, als in der nachexilischen Zeit bei

»Recht tun« sicher schon an die Gebote und Gesetze Gottes gedacht ist, die ja eine Fülle von Schutzbestimmungen für Arme, Fremdlinge, Witwen und Waisen enthalten (z.B. Ex 22,20–25; Dtn 15,1–11.12–18; 24, 10–22; Lev 19,9f.13f; 25). Doch ist »Wort Gottes« zu allgemein und nimmt dem Text seine soziale Ausrichtung. Außerdem ist zu bedenken, daß der Einsatz für Gerechtigkeit auch Thema menschlicher Ratschläge in der Weisheit ist (vgl. Prov 21,7.15 u.ö.).

Dem »Recht üben« stellt der Prediger das »Freundlichkeit lieben« an die Seite (vgl. Hos 12,7; Sach 7,9). Das Wort *ḥæsæd*, das häufig Gottes Güte, Liebe und Treue bezeichnet, meint zwischenmenschlich die tätige, verläßliche und freundliche Verbundenheit, besonders mit Verwandten, Gästen und Freunden (vgl. Ruth 3,10; Prov 3,3f; 11,17; Hi 6,14). *W. Rudolph*, Micha, 113, gibt es mit »Mitmenschlichkeit« wieder, *W. Werner*, Micha 6,8, 238 erwägt seine Übersetzung mit »Solidarität«. Der Prediger nimmt hier ein Stichwort des Propheten Hosea auf (4,1; 6,6; 12,7). Damit will er die ganz persönliche emotionale Triebfeder bezeichnen, die das Eintreten für Gerechtigkeit leiten soll. Nicht der kalt berechnende Interessenausgleich soll es bestimmen, sondern die warmherzige Verbundenheit mit den übrigen Mitgliedern der Gesellschaft, auch und gerade mit den an den Rand Gedrängten und Verachteten.

Wenn der Prediger zuletzt auf das von Jahwe erwartete Gottesverhältnis zu sprechen kommt, ist damit nicht etwas Drittes gemeint, das mit dem Eintreten für Gerechtigkeit und solidarischer Verbundenheit nichts zu tun hätte. Er will vielmehr die Quelle nennen, aus der sich beide sozialen Verhaltensweisen speisen sollen. Die Formulierungen, die er wählt, um dieses Gottesverhältnis zu bezeichnen, sind allerdings ganz ungewöhnlich und haben zu Mißdeutungen Anlaß gegeben: Luther übersetzte: »und demütig sein vor deinem Gott«; in der Zürcher Bibel heißt es: »und demütig wandeln vor deinem Gott«. Es ist aber weder von einem »Sein vor Gott« noch von einem »Wandeln vor Gott« (*hālak lifnē* [Gen 17,1 von Abraham]), sondern von einem »Gehen mit

Gott« (*hālak ʿim*) die Rede, wie es sonst nur ähnlich vom vorsintflutlichen Henoch gesagt wird (*hālak ʾet* [Gen 5,22.24]). Dieser stand Gott so nahe, daß er von ihm entrückt wurde! Die Übersetzung der Wurzel *ṣānaʿ* mit »demütig« kann sich zwar auf Prov 11,2 berufen, wo das Partizip passiv in Opposition zu *zādōn* »Übermut« steht, doch ist für den adverbial gebrauchten Infinitiv des Kausativstammes in Mi 6,8 ein aktiveres Verhalten zu erwarten. So wird seit einiger Zeit von der Forschung aufgrund von Sir 16,25; 42,8 die Bedeutung an dieser Stelle mit »achtsam« (*Th. Lescow*, Micha 6,6–8, 56), »bedachtsam« (*W. Rudolph*, Micha, 108) oder »aufmerksam« (*H.W. Wolff*, Micha, 137) wiedergegeben. Damit ergibt sich die Übersetzung: »und aufmerksam mitgehen mit deinem Gott«.

Die Besonderheit des so bezeichneten Gottesverhältnisses wird erst deutlich, wenn man es mit der in V. 6 zu Wort kommenden Frömmigkeit vergleicht, die der Prediger als falsch widerlegen will: Es ist erstens ein Gottesverhältnis, das nicht durch Abstand (»Gott der Höhe«), sondern durch Nähe gekennzeichnet ist (»dein Gott«, »mit Gott gehen« wie Henoch). Es ist zweitens kein statisches Gottesverhältnis, wo der Mensch dem thronenden Gott entgegentritt, sondern ein dynamisches, wo Gott und Israel miteinander ihren Weg durch die Geschichte ziehen. Es ist drittens kein devotes Gottesverhältnis, wo der einzelne gebeugt vor Gott steht und darüber grübelt, wie er ihm gerecht werden kann, sondern eine vertraute Partnerschaft, in der der einzelne aufrechten Ganges mit Gott wandert und aufmerksam darauf achtet, was Gott auf diesem Weg tut und sagt. Weil es dem Prediger darum geht, den eigenständigen Part, den der Mensch gegenüber Gott spielt, zu betonen, verwendet er nicht die gängigen Formulierungen wie »Gott nachfolgen« (2Kön 23,3; Jer 2,2), »auf Gott harren« (Hos 12,7) oder »Gott fürchten« (Dtn 10,12). Darum ist die traditionelle Übersetzung so irreführend.

Wenn Jahwe von Israel keine noch so frommen Leistungen für sich fordert, sondern nur erwartet, daß es aufmerksam mit ihm durch die Geschichte zieht, dann wird es erstens seine großen Befreiungstaten in der Vergangenheit ständig im Gedächtnis behalten (V. 4f); dann wird es sich zweitens aufmerksam den realen Nöten der Gegenwart zuwenden, mit Recht und Solidarität an der Befreiung der Unterdrückten zu arbeiten (V. 8), wie es selbst seine Befreiung durch Gott erlebt hat; und es wird drittens aufmerksam offenbleiben für ein neues rettendes Eingreifen seines Gottes in der Zukunft, das auch dem theologischen Leiden an seiner Ferne ein Ende macht.

Literaturhinweise

R. Albertz, Religionsgeschichte Israels in alttestamentlicher Zeit, 2 Bde., GAT 8/1–2, 1992.

– »Ihr werdet sein wie Gott« (Gen 3,5), *F. Crüsemann / Chr. Hardmeier / R. Kessler* (Hg.), Was ist der Mensch ...? Beiträge zur Anthropologie des Alten Testaments, FS H.W. Wolff, 1992, 11–27.

A. Deissler, Zwölf Propheten II. Obadja, Jona, Micha, Nahum, NEB, 1986.

H. Gunkel / J. Begrich, Einleitung in die Psalmen, HK II Erg.-Bd., 1933 = ²1966.

Th. Lescow, Micha 6,6–8. Studien zu Sprache, Form und Auslegung, AzTh I,25, 1966.

– Redaktionsgeschichtliche Analysen von Micha 6–7, ZAW 84, 1972, 182–212.

E. Otto, Art. Micha/Michabuch, TRE 22, 1992, 695–704.

G. von Rad, Theologie des Alten Testaments, Bd. II: Die Theologie der prophetischen Überlieferungen Israels, ³1962.

W. Rudolph, Micha – Nahum – Habakuk – Zephanja, KAT XIII/3, 1975.

E. Sellin, Das Zwölfprophetenbuch I: Hosea – Micha, KAT XII/1, 1929.

A. Weiser, Das Buch der zwölf Kleinen Propheten I: Die Propheten Hosea, Joel, Amos, Obadja, Jona, Micha, ATD 24, ⁶1974.

W. Werner, Micha 6,8 – eine alttestamentliche Kurzformel des Glaubens? Zum theologischen Verständnis von Mi 6,8, BZ NF 32, 1988, 232–248.

H.W. Wolff, Dodekapropheton 4. Micha, BK XIV/4, 1982.

– Mit Micha reden. Prophetie einst und jetzt, 1978.

Schöpfungsmythos und Umweltethik*

Daß unsere Umwelt, der Planet Erde, durch die technische Zivilisation ihrer menschlichen Bewohner spätestens seit der 2. Hälfte des 20. Jahrhunderts in eine tiefe Krise geraten ist, braucht man heute niemanden mehr nachzuweisen. Auch daß – wie der Titel dieser Ringvorlesung unterstellt – diese ökologische Krise wesentlich mit unserem Denken, d.h. der europäischen Denktradition zu tun hat, ist weitgehend Konsens, so daß ich mich auf wenige Andeutungen beschränken kann: Die Trennung von Mensch und Natur, Geist und Materie, dem denkenden und fühlenden menschlichen Subjekt (*res cogitans*) und dem gefühllosen und erfahrungsunfähigen Objekt (*res extensa*) in der Denktradition seit René Descartes degradierte die Natur zur Sache, über die der Mensch frei verfügen kann (maître et possesseur de la nature). Gepaart mit dem säkularen Messianismus früher Naturwissenschaftler wie Francis Bacon, der sich von der technischen Weltbeherrschung die Rückgewinnung des Paradieses erhoffte, entfaltete der Zivilisationsprozeß in Europa eine ungeheure Dynamik, die zusammen mit dem liberalen kapitalistischen Wirtschaftsmodell die Natur zum bloßen Rohstofflieferanten für die Produktion zur Steigerung menschlichen Wohlstands machte, wobei Adam Smith von der Unendlichkeit der Ressourcen und des Wachstums ausging. Die Folgen davon sind die uns sattsam bekannte industrielle Massenproduktion, die Konsum- und Wegwerfgesellschaft und die rücksichtslose Verdrängung aller übrigen Le-

* Aus der Siegener Ringvorlesung »Umwelt-Denken – Umdenken« im Wintersemester 1991/92.

bewesen in der nördlichen Hemisphäre, die aber – wie spätestens die Abholzung der Regenwälder zeigt – voll auf die übrigen Weltregionen durchschlägt.
Wenn ein Mensch und Natur trennendes Denken wesentlich für die tiefe ökologische Krise, in die wir geraten sind, verantwortlich ist, liegt es nahe, ein neues, die Umwelt einbeziehendes Denken, ein Umweltdenken, zu fordern, um die Krise zu überwinden. Doch so einleuchtend diese Forderung ist, so schwierig ist offenbar ihre Realisierung. Denn wichtige Institutionen und Systeme unserer Gesellschaft, die naturwissenschaftliche Forschung, die industrielle Produktion und die Wirtschaftskreisläufe beruhen auf der alten Denktradition; ebenso weite Teile unseres gesellschaftlich sanktionierten Wertesystems. Viele Güter der Natur, etwa die Luft und das Wasser, haben bis heute keinen oder einen viel zu geringen Preis; und sobald daran etwas nur leicht geändert wird, erhebt sich dagegen ein breiter Proteststurm. Nach wie vor ist der Kauf und Verbrauch möglichst vieler Güter zur Steigerung der eigenen Lebensqualität und zur Sicherung der Arbeitsplätze ein unbestritten positiver Wert. Und in der ethischen Abwägung unserer Entscheidungen nach der altbewährten Regel »*cui bono*« »Wem zu Nutz« hat die außermenschliche Kreatur extrem schlechte Karten. Zum untermenschlichen Material herabgewürdigt, ist sie keine Person, kein ethisches Subjekt, dessen Nutzen und Wohl zu berücksichtigen wäre.
Ein »Umweltdenken«, das im wörtlichen Sinn um die Welt denkt, hätte somit ein tiefgreifendes Um-Denken zur Voraussetzung, eine Abkehr von vielen selbstverständlichen Denkvoraussetzungen und Werten und eine Hinkehr zu ganz neuen Werten und auf den ersten Blick unbequemen Verhaltensmustern. Dieses Umdenken ist aber offensichtlich nur schwer über die Vernunft allein, über Information, Aufklärung und rationale Argumente zu erreichen, sonst müßten wir längst viel weiter sein.
Einen Hinweis, daß wir möglicherweise stärker die Tiefenschichten unserer Existenz angreifen müssen, um

das notwendige Umdenken zu bewerkstelligen, sehe in dem merkwürdigen Phänomen, daß Politiker, Gewerkschaftler, Journalisten und linke Ökogruppen, die sonst wenig mit Religion und schon gar nichts mit der Kirche zu tun haben, auf den religiösen Begriff »Schöpfung« zurückgreifen, den die Theologen selber, die ja immer um ihren Ruf besorgt sind, möglicherweise keine moderne Menschen zu sein, nach ihrer Niederlage im Kampf gegen die Naturwissenschaftler um die Welterklärung seit dem Ende des vorigen Jahrhunderts eher verschämt ins Kuriositätenkabinett für überholte Floskeln abgestellt hatten. Es scheint so, als erhalte das uralte Symbol der Schöpfung angesichts der gegenwärtigen Herausforderung über den Kirchenraum hinaus neue gesellschaftliche Attraktivität, als traue man ihm zu, Kräfte für das notwendige Umdenken freizusetzen, die über die Überzeugungskraft der rationalen Argumente hinausgehen. Aber was ist dieses »Mehr«, das einen Ausdruck wie »Bewahrung der Schöpfung« gegenüber einem wie »Umweltschutz« auszeichnet? Kann der Begriff »Schöpfung« etwas – und was kann er – für die Ausbildung einer neuen Umweltethik beitragen? Um Antwort auf diese Fragen zu finden, möchte ich Sie einladen, mir in eine längst vergangene, ferne Epoche der Menschheitsgeschichte zu folgen, in die Welt der Schöpfungsmythen des antiken Vorderen Orients.

1 Das Reden von Schöpfung in den altorientalischen Mythen

1.1 Vorbemerkungen

Damit sie wissen, auf was Sie sich mit dieser Reise einlassen, zwei kurze Vorinformationen vorweg.

1. Schöpfung ist keineswegs ein speziell christliches Thema; die frühen Christen haben sie aus der israelitisch-jüdischen Religion übernommen, und die alten Israeliten hatten sie schon zuvor aus der vorderorientalischen Umwelt aufgegriffen. Aber auch die altorien-

talischen Hochkulturen der Sumerer, Babylonier, Syrer, Phönizier und Ägypter haben das Reden von Schöpfung nicht erfunden, sondern wiederum übernommen von den voraufliegenden schriftlosen Kulturen, von denen wir wenig wissen und auf die wir nur durch ethnologische Erforschung vergleichbarer Kulturen der Gegenwart rückschließen können. Schöpfung ist somit einmal in der Menschheitsgeschichte ein fast universales Thema gewesen, dessen Herkunft sich im Dunkel der jüngeren Steinzeit verliert. Es stammt aus einer Epoche, in der sich Religion, Kult, Philosophie und Naturbeobachtung noch nicht in verschiedene Sektoren der Lebensbewältigung gespalten hatten. Wenn ich – ein evangelischer Theologe – Ihnen hier etwas von Schöpfung erzählen will, dann tue ich das bewußt nicht als Interessenvertreter einer Religionsgemeinschaft, sondern als Anwalt vieler – zumeist untergegangener – antiker Religionen.

2. Schöpfung ist kein Offenbarungswissen. Wenn die alten Völker und auch das alte Israel davon sprachen, daß Gott die Welt und den Menschen geschaffen habe, konnten sie keineswegs auf übernatürliche Offenbarungen und Visionen zurückgreifen, die sie in die Zeit der Weltentstehung katapultiert hätten; kein einziger der Hunderten von Schöpfungserzählungen, die wir haben, ist als Theophanie oder Visionsbericht stilisiert. Vielmehr versuchten sie das Geheimnis des erschaffenden Handelns Gottes nachdenkend zu erahnen, indem sie alle in der alten Welt bekannten Vorstellungen, wie etwas Neues entstehen kann, auf Gott übertrugen: Es gibt deshalb weltweit nur eine eng begrenzte Anzahl von Schöpfungsvorstellungen, die sich in vier Typen gliedern lassen: 1. Schöpfung durch Zeugung oder Geburt eines Gottes bzw. einer Göttin, 2. Schöpfung im Zusammenhang eines Götterkampfes, 3. Schöpfung durch das handwerkliche Tun eines Gottes und 4. Schöpfung durch das Wort oder den Befehl eines Gottes. Meist – auch in der Bibel – stehen die unterschiedlichen Vorstellungen eng beieinander, häufig sogar in ein und demselben Text. Man hat den Eindruck, als

wollten uns die Tradenten sagen: Die eine, die richtige Schöpfungsvorstellung gibt es nicht, alle sind nur unangemessene Näherungen, um das Geheimnis der Schöpfung Gottes auszudrücken. Stellt man diese Beobachtung in Rechnung, entpuppt sich der erbitterte Kampf zwischen Theologie und Naturwissenschaft in den vergangenen Jahrhunderten, ob die Welt nun so oder so entstanden sei, als überflüssig. Selbst moderne naturwissenschaftliche Weltmodelle ließen sich mühelos in das Reden von Gottes Schöpfung integrieren, und wir würden damit nur dasselbe tun, was die antiken Völker auch getan haben. Nur an einem Punkt unterscheiden sich die antiken Schöpfungsentwürfe von den modernen naturwissenschaftlichen Modellen: Sie wollen gar keine scheinbar objektiven Beschreibungen der Weltentstehung sein, sondern schließen, indem sie diese mit Gott in Zusammenhang bringen, die Sinnfrage bewußt mit ein und reden aus einer existentiellen Betroffenheit heraus. Das Reden von Schöpfung will staunend und reflektierend durch die ahnend-spielerische Darstellung, wie Gott die Welt und den Menschen geschaffen haben könnte, allen vielfältigen und zwiespältigen Wirklichkeitserfahrungen zum Trotz die Einheit und Sinnhaftigkeit der Welt und der eigenen Existenz gegen alle möglichen Gefährdungen festhalten.
Wie das geschieht, möchte ich Ihnen beispielhaft an dem babylonischen und biblischen Schöpfungsmythos verdeutlichen.

1.2 Das altbabylonische Atramchasis-Epos

Die wichtigste babylonische Schöpfungserzählung ist das sogenannte Atramchasis-Epos, benannt nach seinem Helden Atramchasis, der dem biblischen Noah entspricht und dessen Name der »Überaus-Weise« bedeutet. Die uns erhaltene altbabylonische Fassung stammt vom Schreiber Nur-Aja aus der Zeit um 1700 v.Chr. zur Zeit des Königs Ammisaduqa, beruht aber auf Vorläufern, die in das 3. Jahrtausend zurückreichen. Die aus 3 Tafeln à ca. 400 Zeilen bestehende Dichtung konnte erst ab 1965 aus in verschiedene Museen der Welt zerstreuten Tontafelfragmenten zu etwa 60% rekonstruiert werden (W.G. Lambert / A.R. Millard, W. von Soden).

Das Epos beginnt in der Urzeit, »als die Götter noch Menschen waren«, d.h. die vorfindliche Scheidung von Gott und Mensch noch nicht existierte. Das ist eine typische Urzeiteinleitung: Schöpfung wird erzählbar gemacht, indem gesagt wird, daß die Wirklichkeit, in der man sich vorfindet, noch nicht oder noch nicht so da war. Der Schöpfungsmythos will dadurch, daß er die bestehende Welt spielerisch leugnet, der vorgefundenen Realität ihre Selbstverständlichkeit nehmen, und indem er im Erzählen die Wirklichkeit quasi neu erschafft, will er deren Herkunft und Ziel, ihre Grundbedingungen und damit ihren tieferen Sinn aufdecken.

Die Welt ist für die Babylonier nicht etwa irgendein primitiver Urzustand, sondern von vornherein die zivilisierte Hochkultur Mesopotamiens mit ihrer komplizierten Bewässerungstechnik. Das Epos erzählt nun, wie anfangs noch die Götter die ganze zivilisatorische Arbeit leisten mußten, es aber infolge einer Neuregelung ihrer Kompetenzen, bei der die Kulturarbeit auf die niederen Götter, die Igigi, abgewälzt wurde, zu einem regelrechten Arbeitskampf in der Götterwelt kam. Nachdem die Igigi 2500 Jahre lang mit ihren Spaten und Tragkörben die Bewässerungsgräben ausgehoben haben, treten sie in den Streik (I,39ff):

Sie erheben Klage und äußern Beschimpfungen,
sie beklagen sich in den Erdgruben.
An unseren Aufseher, den Sesselträger, wollen wir herantreten,
unsere schwere Arbeit, die auf uns liegt, soll er abschaffen.

Sie verbrennen ihre Spaten und Tragkörbe und belagern in wilder Protestdemonstration den Palast des Götterkönigs Enlil. Der ruft verschreckt die Götterversammlung der oberen Götter, der Anunnaki, ein. Doch die Verhandlungen mit den Igigi schlagen fehl, der Arbeitskonflikt unter den Göttern scheint unlösbar. Da kommt der weise Gott Enki auf den rettenden Einfall: Er schlägt vor, den Menschen zu schaffen. Begeistert stimmt die Götterversammlung zu und beauftragt die Muttergöttin Mami (I,192ff):

Sie riefen die Muttergöttin,
fragten die Hebamme der Götter, die weise Mami:
Du bist der Mutterleib, der die Menschheit erschaffen kann.
Erschaffe den Urmenschen, daß er das Joch trage,
er trage das Joch, das Werk für Enlil,
den Tragkorb für Gott soll der Mensch tragen!

Der Mensch soll den Göttern die schwere Kulturarbeit abnehmen und damit den Konflikt unter den Göttern lösen.
So kindlich der babylonische Mythos auf den ersten Blick erscheint, so tiefsinnige Aussagen werden hier über den Grund und das Ziel der menschlichen Existenz gemacht: Sinn des Menschen ist es, Gottesdienst zu tun. Dabei wird Gottesdienst gemäß der sumerisch-babylonischen Tempelwirtschaft, in der ein Großteil des erwirtschafteten Überschusses dem Unterhalt des Opferkultes für die Götter zufloß, ganz im Sinne des lateinischen »*colere*« zugleich als Kult und Kultur verstanden. Der zivilisatorische Eingriff des Menschen in die Welt ist gottgewollt, ja sogar das Motiv für seine Erschaffung, aber er geschieht nicht primär um des Menschen willen, sondern für die Götter. Kulturarbeit hat somit den Adel des Gottesdienstes, aber als solcher wird sie zugleich der vollen Verfügung des Menschen entzogen; die Kultur wird vom Kult umgriffen, der Umweltbezug wird der Gottesbeziehung des Menschen untergeordnet.
Doch bei der Konfliktlösung, die sich die Götter aus der Menschenschöpfung erhofften, bleibt es nicht. Die Kulturarbeit entfaltet in der Hand des Menschen eine gefährliche Dynamik. Die Grenzen des bebauten Landes weiten sich aus, die Menschen mehren sich maßlos und verbreiten einen Zivilisationslärm, daß sich der Götterkönig gestört und beunruhigt fühlt (I,352ff):

Nicht vergingen 1200 Jahre,
da wurde das Land immer weiter,
die Menschen immer zahlreicher,
das Land brüllte wie Stiere.
Durch ihr lautes Tun geriet der Gott in Unruhe,
Enlil hörte ihr Geschrei.
Er sprach zu den großen Göttern:
»Zu stark ist mir das Geschrei der Menschheit,
infolge ihres lauten Tuns entbehre ich des Schlafs!«

Das Motiv, daß der Götterkönig wegen des Lärms, den die Menschen verursachen, nicht mehr schlafen kann, ist oft belächelt worden. Doch jeder, der einmal an der Ausfallstraße einer großen Stadt übernachten mußte, wird verstehen, was gemeint ist: Die laute zivilisatorische Dynamik der Menschen ist einfach unerträglich und für die Götter nicht mehr hinnehmbar; sie bringt die Welt aus den Fugen. Darum beschließt der Götterkönig Enlil, die unkontrollierte Vermehrung der Menschen durch Seuchen und Hungersnöte einzuschränken. Dreimal versucht er es, aber dreimal schlägt der Versuch fehl, weil Atramchasis auf Ratschlag des weisen Enki Mittel und Wege findet, die Katastrophen abzuwenden. So beschließt Enlil die völlige Ausrottung der Menschen durch die Flut, obgleich er damit auch die Versorgung der Götter wieder in Frage stellt.
Der menschenfreundliche Gott Enki konterkariert jedoch Enlils vorhaben, er verrät Atramchasis den Plan und gibt ihm Anweisung, ein Schiff zu bauen, um damit die Menschheit und die Zivilisation – er nimmt neben den Tieren auch Handwerker mit – zu retten. Empört muß Enlil den Fehlschlag seines Unternehmens einsehen, doch Enki, zur Rede gestellt, klagt Enlil wegen der Maßlosigkeit seines Vernichtungswillens an. So einigen sich die Götter schließlich auf einen Kompromiß: Die Menschen dürfen weiterleben, die Götter ergreifen aber mehrere Maßnahmen, um die Vermehrung der Menschen einzudämmen: Sie machen manche Frauen unfruchtbar, sie erschaffen die Dämonin Lamaschtu, die den Müttern die kleinen Babys von der Brust reißen soll, und sie verordnen mehrere Frauen-

orden, die Kinderlosigkeit zur religiösen Pflicht machen.
Es ist erstaunlich zu sehen, daß die Babylonier schon 1700 v.Chr. auf einem weit geringeren Zivilisationsniveau als wir heute in der Überbevölkerung das entscheidende Problem für den Bestand der Welt gesehen haben. Und man möchte fast sagen: Bis Mitte des vorigen Jahrhunderts, als die Kindersterblichkeit durch die moderne Medizin und Hygiene entscheidend gesenkt werden konnte, haben die Sicherungen der babylonischen Götter gehalten. Der Mythos versucht in seinem zweiten Teil den leidvollen Begrenzungen des Menschen – den furchtbaren Seuchen und Hunger- und Überschwemmungskatastrophen, denen massenweise Menschen zum Opfer fielen, und das schwere Schicksal vieler Frauen und Familien, entweder keine Kinder zu bekommen oder mehr als die Hälfte aller geborenen Kinder schon nach wenigen Jahren wieder zu verlieren – einen tieferen Sinn abzugewinnen: Das scheinbar sinnlose Sterben ist, so sagt er, letztendlich doch eine weise Ordnung der Götter, damit die gefährliche Zivilisationsdynamik, die die Welt aus den Angeln hebt, abgestoppt wird. Der Mensch muß diese schmerzlichen Begrenzungen seiner Existenz hinnehmen, damit das Gleichgewicht der Welt nicht gefährdet wird, damit seine Kulturarbeit Gottesdienst bleibt und nicht zur Bedrohung der Götter wird.

1.3 Die biblische Urgeschichte

Der Schöpfungsmythos aus dem alten Israel findet sich in den ersten elf Kapiteln der Genesis (1. Buch Mose). Er ist aus zwei Versionen zusammengearbeitet, der Urgeschichte des sogenannten Jahwisten aus dem 10. Jahrhundert und der Priesterschrift aus dem 6./5. Jahrhundert v.Chr.; er ist also erheblich jünger als der babylonische.
Einflüsse aus dem Babylonischen zeigen sich besonders darin, daß auch der israelitische Mythos von der grundlegenden Polarität von Schöpfung und Flut ge-

prägt ist, welche die tiefe Ambivalenz menschlichen Lebens in der Welt, sein Geschaffensein und sein Bedrohtsein, ausdrückt. Nach der Sicht der jungen Priesterschrift ist sogar die ganze Welt in diese Ambivalenz von Schöpfung und Vernichtung hineingerissen. Doch anders als im babylonischen Mythos wird im israelitischen die Gefährdung von Mensch und Welt nicht in der Überbevölkerung gesehen – war doch Israel im 10. Jahrhundert noch und im 6. Jahrhundert wieder ein kleines Volk, das eher vom Aussterben bedroht war –, sondern in der Bosheit und Gewalttat. So heißt es in der Begründung der Flut (Gen 6,5.12f):

(5) Als aber Jahwe sah, daß der Menschen Bosheit groß war auf Erden und alles Dichten und Trachten ihres Herzens nur böse war alle Zeit, da reute es ihn, daß er die Menschen gemacht hatte auf Erden, und er war tief betrübt.
(12) Da sah Gott die Erde, und siehe, sie war verderbt, denn alles Fleisch hatte seinen Wandel verderbt auf Erden.
(13) Da sprach Gott zu Noah: Das Ende allen Fleisches ist bei mir beschlossen, denn die Erde ist voll Gewalttat von ihnen.

Vergleichbar mit dem babylonischen Mythos ist aber auch im biblischen das Thema Bosheit und Gewalttat – wenn auch nicht ausschließlich – auf die zivilisatorische Tätigkeit des Menschen bezogen. Auf diesen Umweltbezug möchte ich mich bei der folgenden Auslegung beschränken.
In der ersten Schöpfungserzählung Gen 1, die zur jüngeren Version der Priesterschrift gehört, wird der grandiose Versuch gemacht, »Himmel und Erde«, d.h. alles, was existiert, auf den einen Schöpfergott zurückzuführen. Die Vielfalt der Welt erhält damit von Gott her eine erstaunliche Einheit: Zuerst schafft Gott die grundlegenden Kategorien der Zeit und des Raumes (1,3–10); der Raum wird nach Vorstellung des vorderorientalischen Weltbildes weiter unterteilt in den Himmel, das Meer und das Festland, wobei letzteres, damit es Lebensraum für Mensch und Tier werden kann, sogleich mit einem Pflanzenkleid versehen wird (V. 11f). In einem zweiten Schritt werden die drei Räume von Gott

mit weiteren Wesen ausgestattet: die Himmelsfeste mit den Gestirnen (V. 14–19), das Meer mit den Wassertieren (V. 20–23) und das Festland mit den Landtieren und den Menschen (V. 24–27). Ein Problem hatte der Autor nur mit der Einordnung der Vögel, weil das Hebräische keinen Begriff für den Luftraum hat. Da sie nun unter dem Himmelsgewölbe fliegen und auf dem Festland brüten, ordnet er sie zwischen den Räumen Himmel und Erde ein; sie kommen so parallel zu den Wassertieren zu stehen. Die Analogie zur Evolutionstheorie ist somit reiner Zufall. Der Mensch ist in diesem kosmischen Panorama zwar ein besonders hervorgehobenes Geschöpf, zu dem sich Gott extra entschließt und zu dem er eine besondere Beziehung (Gottesebenbildlichkeit) aufbauen will, aber nichtsdestoweniger steht er in Gemeinschaft mit allen übrigen Kreaturen; er steht der Schöpfung nicht gegenüber, sondern ist ein Teil von ihr.

Innerhalb dieser Schöpfungsgemeinschaft erhält der Mensch von seinem Schöpfer einen Kulturauftrag. Dabei wird das schon im babylonischen Mythos so wichtige Thema als Herrschaftsauftrag ausgedrückt (Gen 1, 28):

Da segnete Gott die Menschen und sprach zu ihnen: Seid fruchtbar und mehret euch und füllt die Erde und macht sie euch untertan und herrscht über die Fische im Meer und die Vögel unter dem Himmel und über das Vieh und alles Getier, das auf der Erde kriecht.

Die politische Sprache, die hier verwendet wird, ist etwas mißverständlich: Im Hintergrund steht das Bild vom König und seinen Vasallen. Der Mensch soll wie ein Großkönig in majestätischer Herrschergebärde den Tribut einziehen, die ihm seine Vasallen, die Tiere und die Erde darbringen. Damit ist keineswegs an hemmungslose Ausbeutung gedacht; zur antiken Herrschervorstellung gehört immer dazu, daß der Herr auch für seine Knechte sorgt. Wichtig ist, daß der Umweltbezug im israelitischen Mythos nicht als Sach-, sondern als Personalbezug gedacht wird.

Allerdings liegt in der Überordnung des Menschen über die übrigen Geschöpfe ein Konfliktpotential, dessen sich der priesterliche Autor durchaus bewußt ist. Er versucht es dadurch zu mildern, daß er für die anfänglich sehr gute Schöpfung Gottes (V. 31) annimmt, der Schöpfer habe Mensch und Tier ursprünglich nur pflanzliche Nahrung zugewiesen (V. 29f). Das Herrschen über die Tiere umfaßte am Anfang also noch nicht deren Tötung.
Doch Mensch und Tier hielten sich nicht an diese weise Begrenzung des Schöpfers, Gewalttat unter- und gegeneinander brach in Gottes gute Schöpfung ein und verdarb sie. So beschloß Gott, seine mißratene Schöpfung wieder zu vernichten, zugleich aber auch, mit Noah einen neuen Anfang zu machen. Dieser Neuanfang ist ähnlich wie im Atramchasis-Epos ein Kompromiß (Gen 9,1–7): Der Schöpfer kann das Gewaltpotential von Mensch und Tier nicht mehr beseitigen, er kann nur noch versuchen, es zu kanalisieren und zu begrenzen: So läßt er das Töten der Tiere durch den Menschen zu, doch wird der Verzehr des Blutes verboten, um jeden Mordrausch zu verhindern und im Schächtritus dem Menschen die Ehrfurcht vor dem Leben einzuprägen. Das Töten von Menschen wird dagegen völlig verboten und mit der Todesstrafe bedroht.
Mit dieser Charakterisierung der gegenwärtigen Realität als Notordnung, die nicht mehr dem ursprünglichen Willen des Schöpfers entspricht, will der jüngere biblische Erzähler die tiefe Problematik des menschlichen Umweltbezugs aufdecken: Daß der Mensch auf Kosten anderen Lebens lebt, Geschöpfe Gottes zur Nahrungsgewinnung tötet, ist zwar nicht zu verhindern, ist aber nicht mehr die von Gott eigentlich gemeinte Schöpfungsgemeinschaft. Der Mensch muß sich darum bei der Ausübung seines Kulturauftrags immer wieder fragen lassen, ob er seine Gewalt gegen die Mitgeschöpfe nicht im Sinne der ursprünglich von Gott intendierten Schöpfung reduzieren kann.
Eine ähnliche Gestörtheit des menschlichen Umweltbezugs kennt auch schon der ältere israelitische Schöp-

fungsmythos, die Urgeschichte des Jahwisten, obgleich ihre Weltbild noch deutlich begrenzter ist. In ihrer Schöpfungserzählung Gen 2 ist die Welt noch ganz die nahe Umwelt des Menschen, sie ist ein Garten, der als ihn umgebenden Lebensraum geschaffen wird und ihn mit pflanzlichen Lebensmitteln versorgt. Auch in diesem beschränkten Lebensraum erhält der Mensch eine Aufgabe: Er soll den Garten bebauen und bewahren (2, 15), d.h. durch organisierten Anbau in die Schöpfung Gottes zu seinem Nutzen eingreifen, sie aber zugleich auch vor äußerer und innerer Zerstörung schützen.

Die Bestimmung des Menschen zur Kulturarbeit hat nach dieser älteren Version, expliziter ausgesprochen als in der jüngeren, zwei Seiten: die zivilisatorische Veränderung der Welt und die schützende Bewahrung der Umwelt, damit sie eine gute Gabe Gottes für den Menschen bleibt. Auch in dieser Version ist der Umweltbezug personal gedacht, das hebräische Wort für »bebauen« (*ʿābad*) meint eigentlich den Dienst gegenüber Mensch und Gott, für »bewahren« das Hüten von Menschen und Tieren. Die Tiere kommen in dieser Schöpfungserzählung dann auch explizit allein unter einer personalen Perspektive in den Blick; sie werden 2,18–20 von Gott auf der Suche nach einem hilfreichen Partner für den Menschen geschaffen. Zwar entscheidet der Mensch, daß die Tiere dieser voll entsprechende Partner noch nicht sind, dies ist erst die Frau, aber sie sind dennoch ein wichtiger Teil der Gemeinschaft, in der er lebt. Der Mensch baut die personale Beziehung zu den Ticren dadurch auf, daß er ihnen Namen gibt.

Doch auch beim Jahwisten bleibt es nicht beim idyllischen Umweltbezug. Der Mensch vergeht sich gegen seinen Schöpfer und wird deswegen von ihm in seiner Existenz leidvoll eingegrenzt. Davon ist auch sein Umweltbezug betroffen: Gott setzt Feindschaft zwischen dem Menschen und den Tieren, beispielhaft dargestellt an der Schlange; sie bedroht ihn mit ihrem tödlichen Biß, er versucht, ihr den Kopf zu zertreten (Gen 3,15). Der Ackerbau, zu dem der Mensch bestimmt ist, wird zur schweißtreibenden Mühsal, und ein voller Erfolg wird ihm dabei versagt (Gen 3,17f):

(17) ... verflucht ist der Acker um deinetwillen ...
(18) Dornen und Disteln soll er dir tragen ...

Die Umwelt lehnt sich erfolgreich gegen den zivilisatorischen Eingriff des Menschen auf; so sehr sich der Mensch auch abmüht, sie in den Griff zu bekommen, es gelingt ihm nicht, immer wieder produziert sie unerwünschte Nebeneffekte. Wir haben zwar die »Dornen und Disteln« durch massiven Einsatz von Unkrautvernichtern von unseren Äckern weitgehend vertrieben, dafür aber Fauna und Flora, den Boden, das Grundwasser und damit uns selbst gefährdet.

Als Folge dieser tiefen Störung, die in die Schöpfung Gottes hineingekommen ist, zeichnet die jahwistische Urgeschichte ein schonungsloses Bild vom Fortschritt und den Gefahren menschlicher Zivilisation: Die Arbeitsteilung zwischen Bauern und Hirten bei Kain und Abel ruft einen erbitterten Konkurrenzkampf zwischen beiden hervor, der mit einem Todschlag endet (Gen 4,2–16). Die Erfindung der Eisenverarbeitung durch Tubal-Kain (4,22) ermöglicht auch einen Fortschritt in der Technik des Mordens: Lamech rühmt sich vor seinen Frauen, sich, da es nun Messer gibt, maßlos rächen zu können (4,23f). Die Erfindung des Weinbaus durch Noah schafft dem Menschen nicht nur Erquickung von ihrer Mühsal (5,29), sondern kann auch seine völlige Entwürdigung und die Zerstörung seiner Familie zur Folge haben, wie die Erzählung von dem nackt und betrunken in seinem liegenden Noah zeigt (9,20ff). Und die Erfindung des Städtebaus, die Voraussetzung für die vorderorientalische Hochkultur (4,17), verführte die Menschen dazu, einen riesigen Turm zu bauen und den wahnwitzigen Versuch eines Himmelssturmes zu unternehmen (11,1–9). Doch auch diese letzte Anstrengung, durch konzentrierten Einsatz aller technischer Mittel sich aus der Begrenztheit menschlicher Existenz zu erlösen, schlägt fehl. Der Kulturfortschritt

bleibt notwendigerweise ambivalent, er steigert nicht nur die menschlichen Lebensmöglichkeiten, sondern er bedroht sie zugleich. Mit jeder Steigerung wachsen auch die Gefahren. Das ist die nüchterne Bilanz, die uns der fast 3000 Jahre alte israelitische Schöpfungsmythos aufmacht!
Das Besondere der älteren biblischen Erzählung gegenüber dem babylonischen Mythos, aber auch gegenüber der jüngeren biblischen Darstellung liegt darin, daß er versucht, einen Grund für die Ambivalenz menschlicher Zivilisation und die tiefe Störung des menschlichen Umweltbezugs zu benennen. Sie sind, so sagt er, nicht einfach gegeben, sind nicht einfach Folge tragischer Verstrickung oder das Werk dunkler Schicksalsmächte, nein, sie sind Folge menschlicher Schuld. Der Mensch hat wissentlich eine klar markierte Grenze, die ihm sein Schöpfer gesetzt hatte, übertreten, als er vom Baum der Erkenntnis aß und damit seinem Drang nach Weisheit und Autonomie folgte. Man überfordert den alten Mythos, wenn man weiterfragt, warum der Schöpfer dieses Verbot gab, ob er etwa den Menschen dumm und unmündig halten wollte oder ähnliches. Der Erzähler will und kann auf solche Nachfragen nicht antworten. Das Ziel seiner Darstellung ist vielmehr, die Störung der Schöpfungsgemeinschaft aus der Schicksalhaftigkeit herauszuholen und sie voll und ganz in die Verantwortlichkeit des Menschen zu rücken. Wenn die Kulturarbeit schlimme Folgen heraufbeschwört, wenn sie trotz größten Einsatzes menschlicher Weisheit immer wieder mißlingt, dann kann der Mensch dies nicht einfach als tragische Verstrickung abtun oder gar Gott in die Schuhe schieben, sondern er muß dafür vor Gott voll die Verantwortung übernehmen. Er muß selbst dann die Verantwortung übernehmen, wenn ihm im konkreten Fall weder juristisch noch moralisch eine wissentliche Schuld nachzuweisen ist, etwa wenn er die verheerenden Auswirkungen seiner Erfindungen und Errungenschaften noch nicht oder noch nicht voll absehen konnte. Er kann sich nicht mit dem Hinweis auf seine Begrenztheit, mit einem nonchalanten »Irren ist

menschlich« herausreden. Er ist für seine Begrenztheit, in der er sich vorfindet und für die er strenggenommen nichts kann, voll haftbar.
Damit eröffnet aber dieser biblische Mythos – mehr als alle anderen – die Möglichkeit, den gestörten Umweltbezug des Menschen ohne alle Abstriche zum Gegenstand der ethischen Reflexion zu machen.

2 Die Schöpfungsmythen als Grundlage für eine neue Umweltethik

Nach unserem Ausflug in die Welt der alten Schöpfungsmythen möchte ich eine Antwort auf die Frage versuchen, worin ihr inspirierender »Mehrwert« besteht, der uns bei einer Umorientierung unseres Denkens und Handelns hilfreich sein könnte.

2.1 Ethische Grundlegung

1. Das Erzählen von Schöpfung hat sich als ein alter Versuch der Menschheit erwiesen, spielerisch – über die Grundbedingungen der Welt und des Menschen reflektierend – in der uns bestürmenden widersprüchlichen Realität Sinn zu stiften. Indem wir davon erzählen, wie Gott die Welt und den Menschen erschaffen hat, nehmen wird der vorfindlichen Realität ihre Selbstverständlichkeit, entkleiden sie der normativen Kraft des Faktischen und transzendieren sie auf eine ursprüngliche, eigentlich von Gott gemeinte bessere Welt hin. Damit wird die Welt veränderbar. Mit der Bestimmung des Menschen zur Kulturarbeit hat der Mensch den göttlichen Auftrag, die Welt zu verändern und zu verbessern, auch wenn dies nie ganz gelingt. Von daher ist jeder Kulturpessimismus, der die Entwicklung zynisch oder teilnahmslos in die Katastrophe laufen läßt, ausgeschlossen.
2. Im Erzählen von der Erschaffung der Welt durch Gott erhält die Welt eine höhere Einheit, in der alle Kreaturen über den Schöpfer miteinander verbunden

sind. Wir überblicken immer nur Teilbereiche der Welt; und die naturwissenschaftliche Erforschung der Natur hat keineswegs deren Einheit in den Blick bekommen, sondern sie infolge zunehmender Spezialisierung in immer kleinere Teilbereiche zerbröseln lassen. Die Umweltkrise hat uns jedoch deutlich gemacht, daß alle Teilbereiche der Natur in ökologischen Kreisläufen zusammenhängen. So kann das Reden von Schöpfung ein wichtiges Gegengewicht sein, auf den Zusammenhang der Welt, in dem auch wir Menschen nur ein Teil sind, verstärkt zu achten.

3. Das Reden von Schöpfung macht es unmöglich, die Welt in menschliche Subjekte und außermenschliche Objekte zu trennen. Die außermenschliche Natur ist keine Sache, die wir nach unserem Gutdünken benutzen oder verwerten können, sondern Mitkreatur, die Gott genauso wie uns geschaffen hat. Durch das Erzählen von Schöpfung wird der Umweltbezug personalisiert; wir bauen damit die Welt als Solidargemeinschaft auf, in der alle Kreaturen unsere Partner sind, die von Gott eine eigene Existenzberechtigung und Würde bekommen haben. Menschen, die persönlich an Gott glauben, finden über ihn eine Brücke, die ihn mit allen übrigen Geschöpfen verbindet. Mein Schöpfer, meine Existenzmitte, ist zugleich der Schöpfer der Welt. Dadurch bekommt der Umweltbezug eine emotionale Tiefendimension.

4. Die Schöpfungsmythen lehren uns ungeschminkt die nüchterne Einsicht in die unaufhebbare Ambivalenz aller menschlicher Kulturarbeit. Daß jeder zivilisatorische Fortschritt immer auch neue Gefährdungen mit sich bringt, haben sie schon Jahrtausende vor unserer ökologischen Krise erkannt. Die Orientierung an diesen alten Schöpfungsmythen kann uns die Illusion auf eine technische Selbsterlösung der Menschheit, die uns immer wieder vorgegaukelt wird, durchschauen helfen. Sie kann uns von jedem naiven Fortschrittsoptimismus heilen und uns zur Nüchternheit aufrufen, bei jeder neuen Errungenschaft nach den ganz sicher zu erwartenden Schäden zu fragen.

5. Im Reden vom Schöpfer wird eine Instanz benannt, vor der sich der Mensch für seinen Umgang mit der Umwelt moralisch verantworten muß, lange bevor Umweltvergehen vor der Gesellschaft justitiabel werden. Christen müssen damit rechnen, daß sie im Endgericht von Gott auch dafür zur Rede gestellt werden, was sie mit seiner Schöpfung angestellt haben. Dabei dehnt die biblische Urgeschichte die menschliche Verantwortlichkeit vor Gott auch auf Fehler und schlimme Folgen menschlicher Kulturerungenschaften aus, die ungewollt oder nicht absehbar waren. Das führt zu den Fragen, ob das Schuldprinzip im Umweltrecht ausreicht, und wie die Verantwortlichkeit des Wissenschaftlers für die Folgen seiner Entdeckungen verstärkt werden kann.

2.2 Ethische Maxime

Auf der Basis dieser Grundlegung lassen sich für eine neue Umweltethik im Anschluß an Gerhard Liedke und Klaus Michael Meyer-Abich drei ethische Maxime formulieren.

1. Die erste Maxime folgt aus dem Schöpfungsauftrag selbst, wobei der Herrschaftsauftrag Gen 1,28 im Sinne des »Bebauens und Bewahrens« von Gen 2,15 zu interpretieren ist. Wichtig ist, daß a) dem in unseren Industriegesellschaften nach wie vor stark vernachlässigten Aspekt des Bewahrens zumindest der gleiche Rang eingeräumt wird wie dem des Bebauens und daß b) das unableitbare Existenz- und Lebensrecht der außermenschlichen Geschöpfe in die ethische Güterabwägung (*cui bono*: Wem nützt es, wem schadet es) einbezogen wird. Dabei muß die besondere Solidarität den vom Aussterben bedrohten Arten und Tieren gelten.
Daraus läßt sich die *erste Maxime* formulieren:
Du, Mensch, habe bei deinen zivilisatorischen Eingriffen in die Schöpfung Gottes immer auch die Bewahrung der außermenschlichen Kreaturen, die deine Partner in der Schöpfungsgemeinschaft sind, im Auge!
Das bedeutet etwa: überproportiale Förderung der Folgeforschung in den nächsten Jahrzehnten, bis sie etwa

den Stand der Innovationsforschung erreicht hat; bei allen Großprojekten Anhörungspflicht und Beratungsrecht von Gruppen, die sich zum Anwalt der außermenschlichen Kreaturen gemacht haben (z.B. BUND, Greenpeace); Reservierung fester anteiliger Summen aller den Lebensraum der Mitgeschöpfe beeinträchtigenden Baumaßnahmen zur Abmilderung des Eingriffs (etwa Tunnel unter Straßen für Tiere).

2. Angesichts der Einsicht, daß der Umweltbezug durch Gewalt verdorben ist, muß die *zweite Maxime* lauten:

Du, Mensch, vermindere die Gewalt gegen die außermenschliche Schöpfung, wo immer du sie wahrnimmst und wo du Möglichkeiten zur Verminderung hast!

Meyer-Abich hat in Modellrechnungen vorgeführt, daß das Energiebudget einer Gesellschaft ein gutes Maß für die von ihr ausgeübten Gewalt gegen die außermenschliche Schöpfung ist. Die Maxime der Gewaltminimierung bedeutet somit Senkung des Energieeinsatzes und Kritische Auswahl der Art der Energie bei der industriellen Produktion, Heizung, Licht, im Verkehrssystem, bei der Landwirtschaft und bei der Ernährung. Eine weitere Form der Gewalt, die minimiert werden muß, ist der Landverbrauch.

3. Angesichts der Einsicht in die Begrenztheit und Fehlsamkeit des Menschen und der Ambivalenz seiner Kulturerrungenschaften, die nicht nur ihn, sondern auch die außermenschliche Umwelt in Mitleidenschaft ziehen, muß die *dritte Maxime* der Minimierung der Gefährdung gelten:

Du, Mensch, stimme nur technisch-zivilisatorischen Eingriffen in die Schöpfung zu, die du eingedenk sicher auftretender Gefahren, menschlichem Versagen und letztlicher Unkontrollierbarkeit vor Gott noch verantworten kannst, und setze dich dafür ein, daß solche Eingriffe, die sich als zu gefährlich erweisen, wieder rückgängig gemacht werden!

Das bedeutet z.B. die Wahl von chemischen Verfahren, bei denen nicht verheerende Giftstoffe verwendet werden bzw. als Zwischenprodukte oder Abfall entstehen.

Es bedeutet meiner Meinung nach auch den Ausstieg aus der Atomtechnik, da selbst bei technischer Sicherheit durch menschliches Versagen unkontrollierbare Katastrophen entstehen können, ganz zu schweigen von der nach wie vor ungeklärten Frage, wie der atomare Müll über Zeiträume von Jahrtausenden sicher gelagert werden kann, ohne zukünftige Generationen zu gefährden.

2.3 Ethische Kriterien bei der Güterabwägung

Wir alle wissen, daß sich jede Umweltethik im Zielkonflikt mit einer Fülle von Interessen und Forderungen befindet wie Rentabilität, Sicherung der Arbeitsplätze, Besitzstandsmehrung usw. im internationalen Konkurrenzkampf. Darum ist es wichtig, daß bei der Güterabwägung folgende Kriterien zum Zuge kommen:

1. Umweltverträglichkeit,
2. Sozialverträglichkeit,
3. Generationenverträglichkeit,
4. internationale Verträglichkeit.

Das Hauptproblem ist, wie im Interessenkampf bewirkt werden kann, daß bei künftigen technischen und wirtschaftlichen Entscheidungen der Umweltverträglichkeit die erste Priorität eingeräumt wird. Dies ist nur möglich, wenn eine breite Öffentlichkeit dafür votiert und bereit ist, eventuelle wirtschaftliche Einbußen hinzunehmen. Die Rückbesinnung auf die uralte Menschheitstradition der Schöpfungsmythen mag vielleicht mithelfen, dies zu bewirken.

Segen Gottes

Wo ist er erfahrbar? Wie gehen wir damit um?*

1 Einleitung

Gottes Segen hat es heutzutage schwer, überhaupt noch wahrgenommen und theologisch ernstgenommen zu werden. Außerhalb des kirchlichen Sprachraums kommen zwar die Worte »Segen, Segnung, segnen, segensreich« noch vor, von den »Segnungen des Fortschritts« bis zum »schiefen Haussegen«, doch haben sie sich weitgehend vom religiösen Hintergrund gelöst, drohen zu veralten – wer sagt noch von einer Frau, sie sei gesegneten Leibes? – oder werden ironisch verwendet (»Ist das der ganze Segen?«). Häufig wird das Wort Segen heute umgangssprachlich durch »Glück, Erfolg, Ertrag, Nutzen« ersetzt.
Aber auch innerhalb der Kirche, jedenfalls innerhalb der protestantischen Kirche, scheint der Segen Gottes zutiefst problematisch zu sein. Viele gerade der kritischen Pfarrer haben Angst vor seinen magischen Implikationen, wie die endlosen Diskussionen um die Formulierung gottesdienstlicher Segensformeln und die sie begleitenden Gesten zeigen. Manch einer fürchtet wohl auch eine Banalisierung des christlichen Glaubens, wenn es nur noch um Glück, Gesundheit und langes Leben ginge, wie es in den gängigen Segenswünschen so heißt. Im Hintergrund für solche und ähnliche Vorbehalte steht natürlich eine durchaus problematische Segenspraxis der Kirchen, in der alles und jedes gesegnet wurde, Felder, Häuser, öffentliche Gebäude

* Vortrag auf der Reformierten Konferenz in Bad Bentheim am 28.4.95.

bis hin zu Regimentsfahnen und Kanonen. Hier droht der kirchliche Segen der Lächerlichkeit preisgegeben zu werden oder in Zynismus umzukippen.
Das deutsche Wort »Segen« hat übrigens etwas mit den inflationären Segenshandlungen der Kirchen früherer Zeiten zu tun: Es bedeutet *cruce signare* »mit dem Kreuz zeichnen«, leitet sich also vom Kreuzesgestus kirchlicher Segnungen bzw. von der Verwendung von Kreuzen als Segensmittler und Symbole ab. Der Kreuzesgestus bei der Segnung kann eine wichtige Bedeutung haben, wovon noch die Rede sein soll, er kann aber auch als magischer Beschwörungsritus verstanden werden, der mit dem theologischen Inhalt des Kreuzes Christi nichts mehr zu tun hat. So hilft das deutsche Wort »segnen« zur theologischen Klärung wenig weiter.
Was also tun? Sollen wir das Reden vom Segen als überholt und die Segenshandlungen als theologisch bedenklich aufgeben? Sind sie nur Überbleibsel einer primitiven magischen Weltsicht, die wir aufgrund der Einsichten der modernen Natur- und Wirtschaftswissenschaften getrost ad acta legen können? Vernebeln sie nicht geradezu das Evangelium von der Rechtfertigung des Sünders durch den Glauben an Jesus Christus?
Oder sollen wir versuchen, den Segen Gottes jedenfalls für unseren christlichen Erfahrungsbereich zurückzugewinnen, und uns darum bemühen, theologische Klärung darüber zu erreichen, wie wir als Christen verantwortlich mit ihm umgehen? Es könnte ja sein, daß der Wirklichkeitsverlust christlichen Glaubens und kirchlicher Gottesdienste, die wir allseits beklagen, etwas damit zu tun hat, daß dem Segen Gottes nur wenig Aufmerksamkeit geschenkt und er nur selten als eigenständiges theologisches Thema begriffen wird.
Um dies nur an einem Beispiel anzudeuten: Für die Rechtfertigung des Glaubenden durch Jesus Christus ist es relativ gleichgültig, ob der Glaubende Mann oder Frau, ein Jugendlicher, Erwachsener oder alter Mensch ist, ob ein erfolgreicher Geschäftsmann oder Sozialhilfeempfänger, dem vieles in Leben schiefgegangen ist; sie sind allzumal Sünder, sie sind alle durch die Gnade

Gottes in Jesus Christus befreit. Nun mag es von der hohen Warte der Rechtfertigungstheologie durchaus richtig und wichtig sein, daß diese Unterschiede zwischen den Menschen eingeebnet werden, für die konkrete Erfahrung der Betroffenen mit der Gnade Gottes spielen sie aber doch eine wichtige Rolle. Mit eben diesen Differenzen hat der Segen Gottes zu tun. Ihn theologisch nicht zu berücksichtigen hieße, ganz wesentliche Dimensionen menschlichen Lebens theologisch zu vernachlässigen.
Deswegen freue ich mich, daß Sie sich heute auf Ihrer Konferenz dieses zu Unrecht vernachlässigten Themas annehmen wollen. Wie Sie wissen, lag meinem Lehrer Claus Westermann dieses Thema zeitlebens am Herzen; und als sein Schüler habe ich Ihre Einladung gerne angenommen, Ihnen beim Nachdenken über den Segen Gottes einige Anregungen zu geben.
Eine Wiedergewinnung der Segensdimension unseres Glaubens kann für uns reformierte Christen allein über die Bibel erfolgen. Ich möchte darum im zweiten Teil, im Hauptteil meines Vortrags, die beiden Fragen des Untertitels an die Bibel stellen: Wo wird in der Bibel Segen Gottes erfahren, und wie gingen die biblischen Menschen damit um?, um dann in einem dritten Teil einige Gesichtspunkte zu erläutern, wie wir heute verantwortlich mit dem Segen Gottes umgehen können.
Da das Thema »Segen« im Alten Testament eine weit zentralere Rolle als im Neuen spielt – schon rein statistisch überwiegt das 398malige Vorkommen von *bērēk* »segnen« und *bĕrākā* »Segen« das Vorkommen von *eulogéw* und *eulogía* (68mal) bei weitem –, wird sich die biblische Übersicht zum größten Teil auf die Hebräische Bibel konzentrieren; aber das dürfte für Reformierte ja kein Problem darstellen.

2 Wo wird in der Bibel Segen Gottes erfahren, und wie sind die biblischen Menschen damit umgegangen?

Bei meiner Befragung des biblischen Befundes möchte ich zuerst auf den »universalen Segen« eingehen, dann auf »spezielle Segensriten« und schließlich die »Einbindung des Segens in die Geschichte Gottes mit seinem Volk«.

2.1 Der universale Segen Gottes

Sosehr es dem ersten Gottesvolk Israel um den Segen ging, den Gott ihm zuteil werden ließ, sowenig hat es je vergessen, daß der Segen Gottes eine sehr viel weitere, universale Dimension hat, die nicht nur ihm, sondern allen Menschen, ja aller belebten Kreatur gilt.

2.1.1 *Der Schöpfungssegen*

Der Autor der Priesterschrift, dem es in seinem Werk zentral um den Segen Gottes geht, den Israel im Gottesdienst ausgeteilt bekommt (Lev 9,22f; Num 6,22–27), führt deshalb den Segen Gottes schon in seiner Schöpfungserzählung ein, bei der Erschaffung der Tiere (Gen 1,22) und der Menschen (Gen 1,28):

Und Gott segnete sie und sprach zu ihnen:
»Seid fruchtbar und mehret euch und füllet die Erde!«
(vgl. 5,2; 9,1)

Segen wird an dieser grundlegenden Stelle eindeutig als Kraft der Fruchtbarkeit verstanden, die der Schöpfer allen Menschen – wie zuvor den Tieren – mit seinem Segen einpflanzt. Der Mensch wird durch einen ausdrücklichen Befehl aufgefordert, von dieser Gabe, menschliches Leben fortzupflanzen und zu mehren, Gebrauch zu machen.
Daß auch die Wachstumskraft der Pflanzen nach israelitischer Vorstellung vom Segensbegriff umfaßt wurde, zeigt die »Winzerregel«, die Jes 65,8 zitiert wird:

Wie wenn man (noch) Saft in der Rebe findet und spricht:
»Vernichte sie nicht, es ist (noch) Segen darin!«

Solange die Wachstumskraft noch erkennbar ist, wäre es falsch, eine scheinbar mickerige Rebe abzuschneiden.

Die geheimnisvolle Kraft der Fruchtbarkeit, die, wie der absolute Gebrauch von *bĕrakā* in Jes 65,8 zeigt, für die israelitischen Menschen durchaus ihre Eigenständigkeit hatte, wird von der Priesterschrift entschlossen auf den Schöpfer zurückgeführt. Sie wird nicht vergöttlicht, aber auch nicht verteufelt; sie ist Segensgabe Gottes. Wenn sie vor der Geschlechterfolge in Gen 5,3–32 in V. 2 noch einmal ausdrücklich erwähnt wird, will der priesterliche Autor noch einmal explizit verdeutlichen, wo der Schöpfungssegen Gottes erfahrbar wird und greifbar bleibt: in der fundamentalen Erfahrung von Zeugung, Geburt, Wachsen, Hochzeit, Fortpflanzung, Abnehmen und Sterben durch die Kette der Geschlechter der Menschheit hindurch.
Doch bei diesem eindeutig positiven Segen des Schöpfers bleibt es nicht. Nicht zuletzt die konkurrierenden Segnungen von Mensch und Tier schaffen eine Problematik, der sich beide nicht gewachsen zeigen: die Konkurrenz um die Ressourcen zum Lebenserhalt der anwachsenden Bevölkerung. Der Schöpfer hatte die Konkurrenz dadurch abzumildern versucht, daß er Mensch und Tier unterschiedliche Arten pflanzlicher Nahrung zuwies (Gen 1,29f). Doch Mensch und Tier halten sich nicht daran. Am Anfang der Flutgeschichte heißt es, daß alles Fleisch seinen Wandel verderbt hatte, so daß die Erde voll von Gewalttat wurde (6,12f), d.h. Menschen und Tiere fallen in tödlichem Konkurrenzkampf gewaltsam übereinander her. Daher beschließt Gott, seine Schöpfung wieder zu vernichten; der Schöpfungssegen scheint negiert, die Kette der Geschlechter abzubrechen. Wohl rettet Gott eine Familie durch die Flut hindurch – und mit ihr die Tiere. Doch der Schöpfungssegen, der nach der Flut erneuert wird (8,17; 9,1. 7), bleibt ein gefährdeter Segen, der ständig durch wiederkehrende Katastrophen und neue Gewalttat bedroht ist. Die Gewalt zwischen Mensch und Tier sucht Gott dadurch zu steuern, daß er nun das Töten von Tieren zur Ernährung der Menschen zuläßt. Allerdings wird es dem Menschen verboten, ihr »Fleisch zusammen mit seiner Lebenskraft« zu verzehren (9,4). Das Wort »Le-

benskraft« wird hier mit *næfæš* wiedergegeben; diese steht aber der *bĕrakā* »Segen« durchaus nahe. Weil die Tiere ihre Lebenskraft von Gott erhalten haben, gibt es eine Grenze, die der Mensch bei der Tötung von Tieren zu beachten hat. So zeigt das noachitische Schächtgebot, wie die Vorstellung, daß alle Lebewesen von Gott gesegnet sind, dem Menschen einen vor Gott zu verantwortenden Umgang mit tierischem Leben auferlegt, der von der Achtung vor dem Leben bestimmt ist. Noch schärfer drückt sich diese Achtung in der massiven Strafandrohung gegen die Tötung menschlichen Lebens aus (9,5f). Aber natürlich können diese urzeitlichen Gebote Gottes für die ganze Menschheit die mannigfachen Gefährdungen des vom Schöpfer gesetzten Segens nicht aufheben, sondern höchstens begrenzen. Die ständige Gefährdung der positiven Lebenskraft ist bei allen Segenswünschen und Segensriten, von denen jetzt die Rede sein soll, mitzuhören.

2.1.2 *Der Segen im Gruß*

Der universalen Weite des Segens Gottes, der allen Menschen zukommt, entspricht seine weite alltägliche Verwendung im Gruß. Sowohl bei der Begegnung als auch beim Abschied segneten die israelitischen Menschen einander, d.h. sie tauschten Segenswünsche aus. Als etwa Boas zu seinen Schnittern auf das Feld hinauskommt, spricht er (Ruth 2,4):

»Jahwe sei mit euch!«
Sie antworten: »Jahwe segne dich!«

Ähnlich heißt es, als Isaak Jakob in die Fremde entläßt (Gen 28,1.3):

(1) Da rief Isaak Jakob und segnete ihn ... und sprach ...
(3) El-Šaddaj segne dich ...!

Dabei sind die Segenswünsche keineswegs auf die Angehörigen des eigenen Volkes beschränkt; Jakob kann den ägyptischen Pharao segnen (Gen 47,7.10) und der

Priesterkönig Melchisedek des vorisraelitischen Jerusalem Abraham (Gen 14,19):

Darauf segnete er ihn und sprach:
»Gesegnet sei Abraham durch El-Eljon,
den Schöpfer des Himmels und der Erde.«

Dem entspricht es, daß ganz ähnliche Grußformeln bei anderen Völkern des Vorderen Orients begegnen, man vergleiche nur etwa die Grußformeln in den neuassyrischen Briefen: *ilāni likrubūka* »die Götter mögen dich segnen« oder die aramäischen Graffiti aus dem Abydos-Tempel im persischen Ägypten: *bĕrīk PN bar PN lĕ/qādam GN* »Gesegnet sei PN, Sohn des PN dem / vor dem GN«. Der Segen im Gruß hat universale Weite.
Was geschieht bei diesen Segenswünschen? Es fällt auf, daß beim Gruß zwar ein Mensch den anderen segnet (*bērēk* mit menschlichem Subjekt und Objekt [Gen 24, 19; 28,1; 32,1; 47,7.10; 1Sam 13,10; 15,3; 25,14; 2Sam 6,20; 13,25; 19,40; 2Kön 4,29; 10,15]), daß aber dort, wo das dabei gesprochene Wort ausformuliert wird, Gott es ist, dessen Segen ein Mensch den anderen anbefiehlt. Dies ist eindeutig bei den jussivischen Segenswünschen mit Jahwe als Subjekt von *bērēk*; aber etwa auch bei den nominalen Konstruktionen mit dem Partizip passiv *bārūk lĕjhwh* ist dies gemeint, egal, ob man die Dativpartikel *lĕ* im Sinne eines *lĕ*-auctoris »gesegnet durch/von Jahwe« oder eines *lĕ*-relationis – wie die aramäischen Parallelen nahelegen mögen – »Jahwe (oder: bei Jahwe) als Gesegneter gelten« interpretiert. Der Segensgruß ist ein Fürwunsch bei Gott und steht damit der Fürbitte nahe. Indem ein sich Mensch für einen anderen, dem er begegnet oder den er verabschiedet, bei Gott zum Fürbitter für dessen Segen macht, bekundet er seine Solidarität und stiftet Gemeinschaft mit ihm. Angesichts der ständigen Bedrohtheit des Lebens, die gerade bei der Begegnung und beim Abschied zu Bewußtsein kommt, ist die Fürbitte, daß Gott die Lebenskraft des anderen stärken und bewahren möge, die entscheidende Bekundung gegenseitiger Anteilnahme

und Solidarität. Ich mache Sie darauf aufmerksam, daß nicht nur im alten Israel, sondern auch weit über seine Grenzen hinaus zwischenmenschliche Gemeinschaft und gegenseitiges Vertrauen über Gott gestiftet wird, indem einer für das Leben des anderen fürbittend bei Gott eintritt.
Wie wichtig der Segensgruß für die zwischenmenschlichen Beziehungen ist, wird daran sichtbar, wenn er ausbleibt oder zu einer unehrlichen äußeren Floskel verkommt. Prov 27,14 warnt davor, daß ein demonstrativ laut gesprochener Segensgruß am Morgen sehr bald in Fluch umschlagen kann; und das Zerbrechen der nachexilischen israelitischen Gesellschaft kommt unter anderem darin zum Vorschein, daß die Frevler, die die Frommen fertigmachen wollen, diese nur noch »mit dem Munde segnen, aber mit dem Herzen fluchen« (Ps 62,5). Fluch bedeutet genau konträr zum Segenswunsch: Abbruch der personalen Beziehungen, Ausschluß aus der Gemeinschaft und schädigende Existenzminderung des anderen. Wie menschliche Gemeinschaft dauernd von Zerfall und Feindschaft bedroht ist, so ist der Segensgruß immer von der Gefahr des Fluches begrenzt, der ihn aushöhlen und zum Verstummen bringen kann. Darum ist es so wichtig, daß er häufig und bewußt zur Sprache kommt. Darum ist es auch kein Zufall, daß Jesu Gebot zur Feindesliebe genau an dieser Stelle ansetzt. Wenn es dort heißt (Lk 6,28):

Segnet die, die euch fluchen,
bittet für die, die euch beleidigen!
(vgl. Röm 12,14; 1Kor 4,12; 1Petr 3,9),

dann soll der Segensgruß der Christen gerade die Grenze des Fluches überspringen, indem er auch den, der im Fluch die Gemeinschaft verweigert, hineinnimmt in die Fürbitte um Gottes Segen für ihn und so die Feindschaft zu überwinden sucht.
Wie wichtig der Segen Gottes beim Gruß war, können Sie unter anderem daraus ersehen, daß auch das Begrüßungsgeschenk *bĕrākā* genannt wird (Gen 33,11;

1Sam 25,27; 30,26 u.ö.). Gemeinschaft wird auch dadurch hergestellt, daß einer dem anderen von dem Segen Gottes, der ihm zuteil wurde, abgibt.
In den weiteren Umkreis des Grußes gehören die Stellen, wo einer dem anderen Gottes Segen wünscht, weil dieser ihm eine besondere Wohltat erwiesen hat (Ri 17,2; 1Sam 23,21; 25,33; 2Sam 2,5; Ruth 2,19.20; Hi 29,13). Die Fürbitte um Gottes Segen erhält hier die Funktion der Anerkennung und des Dankes und kommt in die Nähe des Glückwunsches (z.B. in Jer 17,7; sonst mit *'ašrē*). Höchstes Willkommen gegenüber einem Gast wird dadurch ausgedrückt, daß man ihn als »Gesegneten Jahwes« bezeichnet (Gen 24,31).
Aus dieser Funktion des Segenswunsches, dankbare Anerkennung auszudrücken, würde ich auch den eigentümlichen Umstand erklären, daß in der Hebräischen Bibel *bērēk* nicht nur den Segen, sondern auch das Gotteslob bezeichnen kann. Man hat hierfür früher gerne untergründige magische Vorstellungen geltend gemacht, nach denen der Mensch seine Lebenspotenz auf Gott zu dessen Stärkung übertrage (J. Pedersen). Doch ist davon in den Texten nichts mehr zu spüren. Vielmehr läßt sich nachweisen, daß die Sonderbedeutung von *bērēk* »loben, preisen« dadurch zustande kam, daß die Grußformel mit *bārūk* zur typischen Form des Gotteslobes im Alltag wurde: Preisender Gruß und Alltags-Gotteslob sind bis auf den Adressaten identisch formuliert (*bārūk* PN/GN + Relativsatz mit *'ašær*); man vergleiche Davids Lob Gottes und Abigails (1Sam 25,32f):

(32) Gesegnet/Gepriesen sei Jahwe, der Gott Israels,
der dich heute mir entgegengeschickt hat!
(33) Und gesegnet/gepriesen sei deine Klugheit,
und gesegnet/gepriesen seist du,
die du mich heute gehindert hast,
in Blutschuld zu geraten!

Auch die Parallelisierung von Segenswunsch und Gotteslob, die die biblischen Erzähler hier und in Gen 14, 19f explizit vorgenommen haben, weist auf eine ge-

meinsame Herkunft in der Grußformel. In beiden wird, mal fürbittend, mal dankbar anerkennend, lebensfördernde Gemeinschaft gestiftet.
Ich habe das Vorkommen des Segens im Gruß so ausführlich behandelt, um einer gewissen Einseitigkeit der Diskussion, die sich zu schnell auf spezielle Segensriten vor allem im Bereich des Gottesdienstes verengt, entgegenzuwirken. Man muß sich klarmachen, daß das Wort *bērēk* neben dem Wort *šālōm*, das ja ebenfalls dem Wortfeld von *bĕrākā* angehört, den wichtigsten Ausdruck im hebräischen Gruß darstellt und damit im Leben der israelitischen Menschen ganz sicher an dieser Stelle am häufigsten gebraucht wurde. Es läßt sich sogar zeigen, daß auch die speziellen Segensriten, von denen jetzt die Rede sein soll, auf den Segensvorgang im Gruß aufbauen.

2.2 Spezielle Segensriten

Auch die familiären und kultischen Segensriten gehören grundsätzlich in die gleiche Situation wie der Gruß: der Abschiedssegen des Vaters für seine Kinder kurz vor seinem Tod (Gen 27; 48), der Segen für die Braut, die das väterliche Haus verläßt (Gen 24,60), der gottesdienstliche Segen zur Begrüßung (Ps 118,26) und zur Verabschiedung der Gottesdienstteilnehmer (Num 6, 22–27). Wie aus dieser Entsprechung zum Gruß schon deutlich wird: Segnen konnten in biblischen Zeiten alle Menschen, nur zu besonderen Anlässen nahmen besondere Menschen, seien es nun der Vater oder die Priester, die Segnungen wahr. Die Hauptdifferenz zwischen Gruß und Segnung betrifft die Verteilung von Wort und Handlung. Während beim Segensgruß nur bisweilen Gesten überliefert sind, bestehen die ausgeformten Segensrituale deutlich aus einer Segenshandlung und einem Segenswort.

2.2.1 *Die Segnungen in der Familie*

In Gen 27 ist ein altertümlich erscheinendes familiäres Segensritual überliefert, das kurz vor dem Tod des Vaters stattfindet und mit dem der erstgeborene Sohn förmlich als Erbe in die Nachfolge des Vaters eingesetzt werden soll. Seine Elemente sind: 1. Identifikation des zu Segnenden, 2. Stärkung des Segnenden durch ein Mahl, 3. Herantreten des zu Segnenden und Kuß, 4. Segensspruch (27,18.24–29).

Die Vorstellung, daß der alte Vater zur Segnung durch ein Mahl gestärkt werden muß, daß es, wie es ausdrücklich heißt, seine »Vitalität« (*næfæš*) ist, die die Segnung vollzieht (27,4.19.25.31), und der Vater nur über einen einzigen vollkräftigen Segen verfügt, läßt noch den magischen Hintergrund einer unmittelbaren Kraftübertragung erkennen, die sich in wirkmächtiger Handlung (Kuß) und wirkmächtigem Wort (Spruch) vollzieht (kontagiöse Magie). Doch wird dieser vom biblischen Erzähler mehrfach durchkreuzt: Der Segensspruch ist kein selbstwirksames Wort mehr, sondern ein Segenswunsch, in dem Jahwe Subjekt ist (27,28). Nach Meinung Rebekkas, die – wie Frauen oft – die modernere Ansicht vertritt, geschieht der Segensritus »vor Jahwe« (27,7). Die Vorstellung, daß der Vater nur einen Segen für den Erstgeborenen hat, wird von ihr gerade kritisch durchbrochen, indem sie den Zweitgeborenen, Jakob, zum Täuschungsmanöver anstiftet.

In der moderneren Variante des Erzählstoffes, der Segnung Ephraims und Manasses durch Jakob (Gen 48), ist denn auch die Vorstellung, daß der Vater nur einen Segen habe, aufgegeben: Jakob segnet beide unter Handauflegung (48,13f.19f), nur werden zwischen dem Gebrauch der rechten und der linken Hand – die natürlich gegen die Rechtssitte wieder einmal vertauscht werden – verschiedene Grade des Segens differenziert. Aus dem Ritualelement Kuß wird hier ein Ausdruck liebevoller familiärer Zuwendung (48,10f).

So gewinnen die Handlungselemente des Segensrituals, die wahrscheinlich einmal magische Funktion gehabt haben, schon in recht alter Zeit (10./8. Jahrhundert) mehr zeichenhaften Charakter: Sie sollen in der konzentrierten körperlichen und ganz persönlichen Zuwendung des Segnenden auf die persönliche Segenszuwendung Gottes verweisen und damit die Zuversicht der am Ritual Beteiligten auf die göttliche Erfüllung des Segenswunsches stärken. Der segnende Vater kann gewiß sein, alles für seine Söhne getan zu haben, wenn er sie für die Zeit nach seinem Tod der Obhut Gottes, der sein Leben von Geburt an behütete, überantwortet, und die gesegneten Söhne können gewiß sein, auch nach dem Verlust ihres Vaters nicht alleine dazustehen, sondern Gott an ihrer Seite zu haben, wie dies das – später eingefügte – schöne Segenswort Gen 48,15f verdeutlicht:

(15) Da segnete er (sie) und sprach:
der Gott, vor dem meine Väter Abraham und Isaak gewandelt sind,
der Gott, der mich von Geburt an bis heute behütete,
(16) Der Engel, der mich aus aller Not erlöste,
er segne diese Jungen,
daß in ihnen mein Name genannt werde
und der Name meiner Väter Abraham und Isaak
und sie groß und zahlreich werden inmitten des Landes.

2.2.2 *Der gottesdienstliche Segen*

Über den Ablauf der altisraelitischen Gottesdienste sind wir nicht allzu gut informiert. Immerhin ist erkennbar, daß die gottesdienstliche Gemeinde mindestens zweimal vom Priester bzw. dem an seiner Stelle fungierenden König gesegnet wurde, einmal am Anfang zur Begrüßung vor den Gebeten und der Opferhandlung (Ps 118,26: »Gesegnet sei, der da kommt im Namen Jahwes«; vgl. 1Kön 8,14) und einmal gegen Ende nach Abschluß der priesterlichen Opferhandlung (Lev 9,22; 2Sam 6,18; 2Chr 30,27; Sir 50,20f); möglicherweise auch noch einmal ganz am Ende zur Entlassung (Lev 9,23). Als Ritus ist das Ausbreiten der Arme durch den Priester bei der Segensausteilung (Lev 9,22) und das Niederfallen des Volkes beim Empfang des Segens belegt (Sir 50,21).

Die Funktion der beiden gottesdienstlichen Segnungen ist damit in Analogie zum Gruß deutlich: Der Eingangssegen vereinte die versammelte Gemeinde und

führte sie aus dem Alltag zur gottesdienstlichen Begegnung mit Gott hin. Der Schlußsegen übertrug die in der Opferhandlung erfahrene Gottesnähe auf jeden einzelnen und ließ sie lebensfördernd in deren Alltagswelt ausstrahlen. Interessant ist in diesem Zusammenhang, daß etwa bei dem Gottesdienst zur Ladeüberführung die Segnung der Gemeinde mit der Austeilung von Brot und Kuchen an alle Gemeindeglieder verbunden ist (2Sam 6,18f). Bei anderen Gottesdiensten folgten auf den Segen vielleicht die familiären Opfermahlfeiern (1Kön 8,62ff). So wurde die Sättigung und Stärkung der Lebenskraft durch Gottes Segen ganz sinnenfällig erfahrbar. Wenn es 2Sam 6,20 heißt, daß David nach dieser Austeilung heimging, um seinem Haus den Segensgruß zu bringen, dann bedeutet dies vielleicht konkret, daß er von der gottesdienstlichen Mahlzeit etwas mitnahm, um es in seiner Familie zu verteilen. Wenn diese Interpretation richtig ist, wäre somit auch das Ausstrahlen des gottesdienstlichen Segens in die Häuser sinnenfällig vollzogen worden.
Die Abgrenzung des Segensritus von der Magie ist im offiziellen Kult weit klarer vollzogen als bei den Familienritualen. Die kultische Segnung wird vollzogen *bĕšem jhwh* »im Namen (bzw. mit Hilfe des Namens) Jahwes« (Dtn 10,8; 21,5; 2Sam 6,18; Ps 129,8b); es ist also Jahwe, dessen Name angerufen wird, der die Segnung, die der Priester vollzieht, eigentlich bewirkt. Dem entspricht es, daß der einzige für den Bereich des Großkultes überlieferte Segensgestus, das Erheben der beiden Arme (*nāśā'jad* [Lev 9,21]) eigentlich ein Gebetsgestus ist (Ps 28,2; 63,5).
Das einzige im Wortlaut mitgeteilte kultische Segenswort, der sog. aaronitische Segen (Num 6,22–27), ist eindeutig ein Segenswunsch, der jeden einzelnen Gottesdienstteilnehmer dem Segen, dem Schutz und – in Fortsetzung seiner erfahrenen kultischen Nähe – der ganz persönlichen Zuwendung Gottes anempfiehlt. Nicht zufällig fällt betont an seinem Abschluß auch das Stichwort *šālōm*, das die körperliche Unversehrtheit und die heile Gemeinschaft bezeichnet.

In der Ritualanweisung am Schluß (6,27) nehmen die priesterlichen Theologen die Klärung vor, was im kultischen Segensritus geschieht: Die Priester legen mit ihm den im Segenswort genannten Gottesnamen auf die Gemeinde, und die so Signierten wird Jahwe dann segnen.

Der Segen, der laut Num 6,23 Aaron und seinen Söhnen aufgetragen ist, war im alten Israel offensichtlich nicht exklusiv den Priestern vorbehalten. Vor einigen Jahren wurden in einem Grab einer wohlhabenden Familie aus dem 7./6. Jahrhundert v.Chr. am Ketef Hinnom im südlichen Jerusalem zwei Röllchen aus Silberlamellen gefunden, auf die Texte eingeritzt sind. Ganz offensichtlich handelt es sich um Amulette, die den Toten beigegeben wurden. Die Texte sind wegen des schlechten Erhaltungszustandes nur sehr bruchstückhaft lesbar, doch sicher ist, daß sie einmal den Beginn (Num 6,24a–25a) und einmal eine verkürzte Fassung (24a–25a.26b) des »aaronitischen Segens« enthalten. Durch diesen sensationellen Fund wird dieses bisher als späte priesterliche Bildung angesehene Segenswort (vgl. noch C. Westermann) zum ältesten erhaltenen Bibelwort überhaupt. Entweder war der priesterliche Segen schon im ausgehenden 7. oder beginnenden 6. Jahrhundert so populär, daß er auch im privaten Gebrauch zum Schutz von Lebenden – und vielleicht auch von Toten – verwendet wurde, oder aber die Priester übernahmen nur einen auch außerkultisch verbreiteten Segenswunsch. In jedem Fall bedurfte es nicht notwendig des priesterlichen Amtes, um den »aaronitischen Segen« zu vermitteln.

2.2.3 *Der König als Segensmittler*

Neben dem Kult fungierte in vorexilischer Zeit auch der König als Segensmittler. Entsprechend der auch in Israel übernommenen Konzeption vom sakralen Königtum konnte der König nicht nur in seiner herausragenden Stellung als »Sohn Gottes« (Ps 2,7; 2Sam 7,14; Ps 89,28) die priesterliche Funktion im Kult übernehmen und damit das gottesdienstliche Segensritual vollziehen (2Sam 6,18; 1Kön 8,14.55–57), sondern er galt auch in seinem politischen Amt unter anderem als Mittler und Garant des göttlichen Segenshandelns (Ps 21, 7). In der Königsfürbitte Ps 72 wird er regelrecht mit dem Regen gleichgesetzt, der auf den Acker herabflutet (6f) und Fruchtbarkeit der Felder und Heil und Frieden im ganzen Land bewirkt (72,7.16). Daher war es wichtig, daß der König durch seine Gesundheit und sein langes Leben die Segenskraft selbst symbolisierte (72,5.17; 45,3). Darum gehörte der Segenswunsch für den König zum festen Bestand zahlreicher Rituale, etwa bei der Thronbesteigung (1Kön 1,47; 2,45), aber wohl auch bei vielen anderen Gelegenheiten (1Kön 8,66; Ps 72,15). Allerdings brach diese politische Segensvermittlung durch das Königtum mit dessen Untergang ab (Thr 4,20) und wurde ganz durch die kultische ersetzt.

2.2.4 *Fluch und Segen durch machtbegabte Gottesmänner*

In den Bereich des Politischen gehört auch der Vollzug von Fluch- und Segensritualen bei politisch-militärischen Auseinandersetzungen. Vor allem sollten Feinde durch magisch wirksame Fluchworte und -handlungen in ihrer Existenz geschwächt werden (vgl. z.B. die ägyptischen Ächtungstexte). In Israel war dieser Brauch zumindest aus der Umwelt bekannt, wie die Bileamerzählung (Num 22–24) belegt. Nach ihr engagiert der moabitische König Balak den Mantiker Bileam, um Israel zu verfluchen, damit er es trotz seiner Größe besiegen kann. Bileams Wort gilt als machtwirksam: »Wen du segnest, der ist gesegnet, und wen du verfluchst, der ist verflucht« (22,6). An Ritualelementen sind Opfer erwähnt (23,3f u.ö.); auch der Blickkontakt zu den zu Schädigenden scheint wichtig zu sein (21,41 u.ö.). Nach der Erzählung durchkreuzt Jahwe jedoch das magische Fluchritual; er zwingt Bileam, Israel zu segnen, weil er es gesegnet hat (22,12; 23,8.20). Die Erzählung kann nicht sehr alt sein, da die Inschriften von Deir 'Allā den Götterseher Bileam ben Beor erst für das 8. Jahrhundert belegen; so ist auch unsicher, ob ein konkreter politischer Anlaß dahintersteht. Ob es vergleichbare Handlungen auch in Israel selbst gegeben hat, ist nicht sicher auszumachen; am ehesten könnte man die Stammessprüche Gen 49 und Dtn 33 damit in Verbindung bringen, die auch Fluch- und Segenswünsche enthalten. Auch die mehrfach vorkommende geprägte Wendung »Verflucht, wer dir flucht, gesegnet, wer dich segnet« (Gen 27,29; vgl. Gen 12,3a; Num 24,9) könnte auf solche stärker magische Verwendung von Fluch- und Segensformeln zum Zweck politischer Auseinandersetzung verweisen. Sie belegt, wie prekär die Segenssicherung gerade im politischen Bereich war und ist.

2.3 Die Einbindung des Segens in die Geschichte Gottes mit seinem Volk

Abgesehen von den zahlreichen Segensvollzügen ist in Israel über den Segen Gottes intensiv theologisch nachgedacht worden. Dabei ging es um das grundsätzliche Problem, wie das von Haus aus universale Segenshandeln Gottes, das es mit so kreatürlichen Vorgängen wie Fruchtbarkeit, Wachsen und Gedeihen zu tun hat, in das partikulare Geschichtshandeln Jahwes an seinem Volk, in dem es zentral um Befreiung aus Unterdrückung (Exodus) und Rettung aus mannigfachen politischen Bedrohungen geht, integriert werden kann. In der Gründungsgeschichte der Tora, in der eine Vielzahl von Autoren die theologische Gesamtkonzeption Israels erarbeitet haben, wurde das Thema Segen zwei Schwerpunkten zugeordnet: der Vorgeschichte der Erzväter (Gen 12–50) vor dem Beginn der Befreiungsgeschichte (Exodus bis Numeri) und dem Ende der Befreiungsgeschichte kurz vor der Ansiedlung im verheißenen Land (Deuteronomium). Schon rein statistisch ist dieser Befund signifikant: Dem 83maligen bzw. 51maligen Vorkommen von *bērēk* und *bĕrākā* in Gen 12–50 und im Deuteronomium steht ein nur 21maliges Vorkommen in Exodus bis Numeri gegenüber, von denen 8 allein auf die Bileamperikope entfallen. Das Segenshandeln Gottes bildet also im Pentateuch um sein Rettungshandeln eine Art Rahmen. Von diesem soll jetzt die Rede sein.

2.3.1 *Segen, Streit und Versöhnung in der Jakob-Esau-Erzählung*

In der Vätergeschichte ist mehrfach davon die Rede, daß Jahwe die Vorväter Israels im Land Kanaan segnete (Gen 24,1.35: Abraham; 25,11; 26,12: Isaak). Seinen Schwerpunkt hat das Thema Segen jedoch in der Jakob-Esau-Erzählkomposition Gen 25,21 – 33,17*, die nach neueren Erkenntnissen zugleich einen der ältesten Traditionskerne der Vätergeschichten darstellt (10./9. Jahrhundert).

Die Erzählung handelt von der Rivalität der Isaaksöhne: Esau, dem Erstgeborenen, und Jakob, dem Zweitgeborenen, die zugleich die Brudervölker Edom und Israel repräsentieren. Die Rivalität steigert sich zum offenen Konflikt, als Rebekka, die sich mit der untergeordneten Stellung ihres geliebten Sohnes nicht abfinden will, Jakob verleitet, seinen Bruder Esau um den väterlichen Segen zu betrügen; so zeichnen die Segenswünsche Isaaks (27,29.40) die Herrscherstellung Jakobs über Esau und damit Israels über Edom, die es unter David errang, vor. Doch es kommt erst einmal ganz anders. Jakob, der Gesegnete, muß vor den Mordplänen seines empörten Bruders in die Fremde fliehen; er hat nichts als eine Beistandszusage Gottes im Rücken (28,20). Nun wird er von seinem Onkel Laban nach Strich und Faden betrogen und muß als rechtloser Fremder Sklavendienste leisten. Doch der Segen Gottes, der auf Jakob ruht, wirkt sich für den beiseite geschobenen Flüchtling aus; er hat Glück bei der Viehzucht, sein Segen strahlt aus und vermehrt den Viehbesitz Labans (30,27.30). Als Laban ihm wiederum seinen gerechten Lohn verweigert, erkämpft Jakob sich selbst trickreich den größten Teil des Viehbesitzes. Erneut führt der Segen Gottes, der den einen gegenüber dem anderen bevorzugt, zum tödlichen Konflikt. Jakob kann nur unter Schwierigkeiten mit seiner Familie und seinen Herden von Laban fliehen. Doch in der Heimat steht ihm der

noch gefährlichere unausgestandene Konflikt mit Esau bevor. In seiner Angst schickt er Geschenke an Esau voraus, um ihn zu versöhnen (32,21). Vor der gefährlichen Begegnung mit Esau hat er aber noch einen nächtlichen Kampf mit Gott zu bestehen, dem er den Segen abringt (32,27.30). Nach diesem Kampf ist er frei, Esau furchtlos und gelassen zu begegnen. Er demütigt sich tief vor dem zu kurz gekommenen Bruder und drängt ihm regelrecht von dem Segen, den Gott ihm geschenkt hat, reichlich auf (33,11). Esau akzeptiert die Versöhnungsgeste, und die Brüder trennen sich, aber als Versöhnte.
Der Erzähler verwendet hier die Kategorie des Segens, um die bevorzugte Stellung Israels gegenüber dem Brudervolk Edom hinsichtlich seiner Machtposition und des ökonomischen Reichtums seines Siedlungsgebietes theologisch zu verarbeiten. Wie kein anderer in der Bibel arbeitet er die tiefe Ambivalenz des Segens Gottes heraus: Er ist es, der den einen Bruder bevorzugt und den anderen zurücksetzt. Er ist es, der gefährliche Konkurrenzkämpfe zwischen Menschen und Völkern heraufbeschwören kann. Er tut dies, so stellt der Erzähler seinen Zeitgenossen vor Augen, wenn Israel seinen Kampf um Segen, Macht und Reichtum mit allen – auch unlauteren – Mitteln gegen die anderen Völker zu deren Schaden führt. Es sollte, so deutet er in Aufnahme der alten Tradition vom Gotteskampf am Jabbok an, vielmehr mit Gott um seinen Segen ringen. Segen braucht nicht in einem unlösbaren Konflikt zu enden, wenn sich das gesegnete Volk vor dem benachteiligten demütigt und ihm von seinem Reichtum abgibt.

2.3.2 *Die Segensverheißungen*

Israels politischer und wirtschaftlicher Aufstieg zu Macht und Größe wird auch in den Segensverheißungen theologisch reflektiert, die wie eine Kette die Genesis in ihren späteren Schichten, etwa ab dem 7. Jahrhundert, durchziehen. Gleich an ihrem Anfang in Gen 12,1–3 wird Abraham die Verheißung gegeben, daß Jahwe ihn zu einem großen Volk machen, ihn segnen

und seinen Namen groß machen werde, so daß er geradezu ein leibhaftiges Exempel für den Segen Gottes darstellen werde (12,2). Diese Verheißung zielt natürlich wieder auf die Größe, den Ruhm und Wohlstand, die Israel vor allem unter David und Salomo erlangen konnte. Die Erfahrung, daß Israel aus einer kleinen, schäbigen Auswandererfamilie zu einem zahlreichen und geachteten Volk werden konnte, wird damit als Ausfluß des Segens Gottes verstanden, der seinem Volk Israel in ganz besonderer Weise Fruchtbarkeit und Gedeihen zuwandte, die über das Maß des normalen Schöpfungssegens weit hinausgingen.
Indem nun aber diese theologische Einsicht als Verheißung formuliert wurde, die Jahwe verkündet hat, als Israel noch gar nicht groß und mächtig war, sondern aus kleinen, gefährdeten Familien bestand, wird die Vorstellung vom Segen Gottes mehrfach stark verändert: 1. Er wird aus der Sphäre kreatürlicher Wachstumsvorgänge herausgeholt und zu einem Element des Geschichtshandelns Gottes gemacht – in Analogie zur Befreiung aus der ägyptischen Knechtschaft und der Verheißung eines neuen Lebensraums der Freiheit (Ex 3,7f). 2. Der Segen, den Israel unter David und Salomo erlebt hat, wird seiner Selbstverständlichkeit enthoben; er wird zur Erfüllung der göttlichen Verheißung an die Väter und damit zum sichtbaren Beweis der Treue Gottes zu seinem Wort und zu seinem Volk. Weil sie auf eine erlebte Realisierung zulaufen, ergehen die Segensverheißungen an die Väter ohne jede Bedingung. 3. Indem Israel an diesen Verheißungen festhält, ja, wie wir heute historisch erkennen können, diese Verheißungen überhaupt erst formuliert, als seine Macht und Größe schon wieder bröckeln oder sogar sein Überleben durch Dezimierung und Deportationen aufs äußerste bedroht ist, transzendiert es die vorfindliche Realität auf eine bessere Zukunft hin. Als Verheißung wird der Segen Gottes zu einer Gegenrealität zur leidvollen Gegenwart, die den kleinen, an den Rand gedrängten exilischen Gruppen die Hoffnung auf eine neue Lebenschance eröffnet (Jes 51,2).

Das transzendierende Potential der Segensverheißung bot schließlich die Möglichkeit, den Konkurrenzkonflikt zwischen dem besonderen Segen Jahwes für Israel und dem universalen Segen des Schöpfers für alle Menschen theologisch zu überwinden. Der Israel verheißene Segen zielt, so erkannte gleich eine ganze Anzahl biblischer Autoren, letztlich nicht auf Verfluchung, d.h. Existenzminderung der Völker, sondern auf deren Segen (Gen 12,3; 18,18; 22,18; 26,4; 28,14; Jer 4,2; Sach 8,13). Egal, ob man die hier verwendeten hebräischen Wendungen im passivischen Sinn versteht, daß die Sippen der Erde durch Israel gesegnet werden (Gen 12,3), oder aber im reflexiven Sinn, daß sie sich unter Verwendung des Namens Israel als des exemplarisch Gesegneten Segen wünschen werden, in jedem Fall würde der Israel von Jahwe geschenkte Segen über Israel hinausstrahlen und alle Welt daran Anteil bekommen. Selbst die notorischen Feinde Israels, Assur und Ägypten, die ihm in seiner Geschichte immer wieder das Lebensrecht streitig gemacht hatten, würden einmal, so führt die späte Verheißung Jes 19,24f aus, von Jahwe zusammen mit Israel gesegnet werden. Daß das gefährliche Konfliktpotential, das dem Segen ganz besonders im politischen Bereich innewohnt, nur gebändigt werden kann, wenn Segen Gottes als »Segen für andere« begriffen wird, ist eine der tiefsten theologischen Erkenntnisse Israels.

2.3.3 *Segensgeschenk und Segensverpflichtung im Deuteronomium*

Während die Segensverheißungen der Genesis die vorfindliche Realität ein gutes Stück weit überspringen, ist das Deuteronomium ganz an der Realisierung des Segens Gottes interessiert. Kein anderes Buch der Bibel spricht vom Segen Gottes in dieser Konkretion und Differenzierung; man lese nur den schönen Segenswunsch in Dtn 28,3–6:

(3) Gesegnet seist du in der Stadt,
gesegnet seist du auf dem Felde!

(4) Gesegnet sei die Frucht deines Leibes,
die Frucht deines Landes, die Frucht deines Viehs,
der Wurf deiner Rinder und die Zucht deiner Schafe!
(5) Gesegnet sei dein Korb und dein Backtrog!
(6) Gesegnet seist du, wenn du heimkommst,
gesegnet seist du, wenn du ausgehst!

Segen Gottes, so stellen die deuteronomischen Theologen geradezu emphatisch vor Augen, meint nicht nur Fruchtbarkeit und Gedeihen von Mensch, Vieh und Acker, er umgreift auch alle menschlichen Tätigkeiten in der Stadt und auf dem Feld, das Sammeln von Vorräten und die Essenszubereitung, die Heimkehr von der Arbeit und das Ausgehen zur Arbeit.
Was schon die ältere Weisheit wußte, daß alle menschliche Arbeit des Segens Gottes bedarf, um zum Erfolg zu kommen (Prov 10,12):

Jahwes Segen, der macht reich,
und nichts fügt hinzu die Mühe neben ihm,

wird von den deuteronomischen Theologen in das Zentrum ihrer Segensaussagen gestellt: Fortlaufend sprechen sie davon, daß Gott den einzelnen »beim Tun« bzw. »beim Ausstrecken seiner Hand« gesegnet hat oder segnen wird (Dtn 12,7; 14,29; 15,10.18; 16,15; 23,21; 24,19; 28,8.12).
Dahinter steht natürlich die ganz konkrete Erfahrung des Bauern, daß seine Arbeit auf dem Feld nur dann erfolgreich ist, wenn Gott Regen zur rechten Zeit dazugibt (Dtn 28,12):

Jahwe wird dir seinen guten Schatz, den Himmel, öffnen,
um für dein Land zur rechten Zeit Regen zu geben
und all das Tun deiner Hand zu segnen.

Diese Erfahrung erscheint im Deuteronomium auf alle Weisen menschlicher Arbeit erweitert. Erst der Segen Gottes macht menschliche Arbeit zur gedeihlichen, erfolgreichen Arbeit. Der Ausdruck »wie dich Jahwe, dein Gott, gesegnet hat« (Dtn 16,10.17; vgl. 14,24; 16,15)

bezeichnet die konkreten Besitzverhältnisse des einzelnen. Segen Gottes meint im Deuteronomium zentral Arbeitserfolg, Besitz und Wohlstand.
Dieser weit ausgefächerte Segensbegriff erlaubt es nun den deuteronomischen Theologen, den Segen Gottes mit der Volksgeschichte zu verbinden und in das Zentrum der Gottesbeziehung Israels zu rücken: Fruchtbarkeit von Mensch, Acker und Vieh, Arbeitserfolg, Besitz und Wohlstand, so versuchen sie ihren Zeitgenossen am Ende des 7. Jahrhunderts klarzumachen, ist nicht selbstverständlich oder eure Leistung, sondern unverfügbares Geschenk eures Gottes. Wie er euch aus dem ägyptischen Sklavenhaus befreite und euch dieses schöne Land schenkte, so schenkt er euch nun auch seinen Segen.
Das rettende Handeln Jahwes in Ägypten und in der Wüste setzt sich für die deuteronomischen Theologen im Kulturland in seinem segnenden Handeln fort; es entspringt der gleichen liebenden und erwählenden Zuwendung Jahwes zu Israel und teilt mit diesem den Charakter eines unverdienten Geschenks. Der Segen wird zum Teil des Bundes zwischen Jahwe und Israel und damit seines Charakters als selbstwirksame kreatürliche Kraft völlig beraubt.
Diese vollständige Einbindung des Segens Gottes in die geschichtliche Gottesbeziehung Israels erlaubt es nun den deuteronomischen Theologen, ihn ethisch zu durchdringen: Israel wird ihrer Meinung nach seines Landes und Gottes Segen darin nur teilhaftig bleiben können, wenn es sich dieser überreichen Geschenke Gottes würdig erweist, seinem Retter treu bleibt und also dankbar die Gebote und Gesetze seines Gottes hält. Damit stellen sie den bis dahin unbedingten Segen unter die Bedingung des Toragehorsams. Typisch für das Deuteronomium sind darum die bedingten Segensverheißungen wie etwa in Dtn 7,12–14:

(12) Dafür, daß du auf die Gesetze hörst, sie beachtest und befolgst, wird Jahwe, dein Gott, dir den Bund und die Huld bewahren, die er deinen Vätern geschworen hat:

(13) Er wird dich lieben, segnen und mehren.
Er wird segnen die Frucht deines Leibes und die Frucht deines Ackers, dein Korn, deinen Most, dein Öl, den Wurf deiner Rinder und den Zuwachs deines Kleinviehs in dem Lande, von dem er deinen Vätern geschworen hat, es dir zu geben.
(14) Du wirst gesegneter sein als alle Völker; nicht mehr wird es bei dir einen Unfruchtbaren oder eine Unfruchtbare geben, auch nicht bei deinem Vieh.

Sie sehen, wie entschlossen die deuteronomischen Theologen hier den Versuch unternehmen, den Segen aller magischen Züge zu entkleiden und ihn unmittelbar vom Gehorsam Israels abhängig zu machen. Sie stellen Israel in aller Eindringlichkeit vor die Wahl zwischen Segen und Fluch, die in einer symbolischen Handlung auf die Berge Garizim und Ebal gelegt werden (27,11–14). Für den Fall, daß es die Gebote und Gesetze ihres Rechtskorpus befolgt, stellen sie ihm überschwengliche Segensverheißungen in Aussicht, für den Fall, daß es ungehorsam wird, drohen sie mit schrecklichen Fluchankündigungen (28).
Natürlich kann man fragen, ob die deuteronomischen Theologen mit solchen konsequenten ethischen Bedingungen nicht einen gewichtigen Teil der Realität des Segens Gottes einfach überspringen: Haben sie womöglich nicht mehr genügend im Blick, daß der Segen Gottes – wie es etwa die Priesterschrift zum Ausdruck bringt – zunächst eine unbedingte Gabe des Schöpfers an alle Lebewesen darstellt?
Die deuteronomische Argumentation ist gewiß einseitig, doch wird ihre Stärke dort deutlich, wo es um konkrete soziale und gottesdienstliche Einzelanweisungen geht: Wenn es in der Reform des Schuldsklavengesetzes Dtn 15,13f heißt, der Herr solle seinem Sklaven bei der Entlassung ein reichliches Startkapital zahlen von allem, »womit dich Jahwe, dein Gott, gesegnet hat«, oder wenn im Kultkalender Dtn 16,10.17 dazu aufgefordert wird, beim Wochen- und Laubhüttenfest die Habenichtse des Heimatortes bei familiären Opfermahlzeiten mitessen und sich vor Jahwe mitfreuen zu lassen »nach dem Ausmaß, wie Jahwe, dein Gott, dich geseg-

net hat«, dann wird deutlich, welche ethische Motivation hier das Reden vom Segen Gottes aus sich heraussetzt: Weil Reichtum eben nicht einfach Eigentum ist, das sich der Wohlhabende allein erarbeitet hätte und über das er darum auch nur selbst verfügen könnte, sondern Segen Gottes, der unverfügbar bleibt und ein unverdientes Geschenk des Retters aus Ägypten darstellt, besteht für den Wohlhabenden die Verpflichtung, ja sollte es eigentlich selbstverständlich sein, den Verarmten und Besitzlosen davon reichlich abzugeben. Desgleichen motivieren die bedingten Segensverheißungen in den konkreten Einzelgeboten und -gesetzen allesamt die Wohlhabenden zum Besitzverzicht, der durch Gottes Tora auferlegt wird: Allen, die dem Armen regelmäßig seine Schulden erlassen (Dtn 15, 10), die dem Schuldsklaven, der eigentlich nur seine Schulden abarbeiten sollte, auch noch einen Lohn zahlen (15,18), die ehrlich ihren Zehnten für die Armenversorgung abführen (14,29), dem säumigen Lohnarbeiter nicht das letzte Hemd pfänden (24,13) und auf die Nachlese ihrer Äcker und Weingärten verzichten, damit sich die Habenichtse davon holen können (24, 19) – ihnen allen, aber auch nur ihnen, wird der Segen Gottes, der die Arbeit der Erfolgreichen weiter erfolgreich sein läßt, in Aussicht gestellt.
Was hier durch Einbeziehung des Segens Gottes in die Gebote und Gesetze Gottes theologisch begründet wird, ist nichts anderes als das, was wir »soziale Verpflichtung des Eigentums« nennen. Es ist gewiß des Nachdenkens wert, ob diese bei uns – obwohl im Grundgesetz verankert – deshalb sowenig rechtswirksam wird, weil ihr bei uns die theologische Motivation verlorengegangen ist. Israel hat jedenfalls den Segen Gottes im Deuteronomium zu einer entscheidenden theologischen Basis für seine ganz erstaunlichen sozialen Reformgesetze gemacht. Auch in diesem innergesellschaftlichen Bereich hat es erkannt, daß die biologischen und ökonomischen Wachstumskräfte, die in Israel seit dem 8. Jahrhundert zu ungerechten Besitzverhältnissen und sozialen Konflikten und einer bedrohlichen Entsolidarisierung der

Gesellschaft geführt hatten, nur dann Segen Gottes bleiben und nicht in Fluch umschlagen, wenn der Umgang mit ihnen ethisch normiert und vor Gott verantwortet wird, d.h. materiell: wenn die, die von Gott mit reichem Segen beschenkt wurden, den Zu-kurz-Gekommenen davon abgeben.

3 Wie gehen wir verantwortlich mit dem Segen Gottes um?

Lassen Sie mich aus dem biblischen Befund noch einige Konsequenzen für uns ziehen und dabei auch auf einige der von Ihnen gestellten Fragen eingehen.

3.1 Es dürfte klar geworden sein, daß der Segen Gottes einen so gewichtigen Teil unserer biblischen Tradition ausmacht, daß wir ihn in Theologie und Kirche nicht einfach beiseite schieben können. Dies wird auch im Neuen Testament nicht getan – man vergleiche nur die Segnung der Kinder durch Jesus (Mk 10,15–16) oder die Beauftragung zum Segensgruß bei der Aussendung der Jünger (Mt 10,12f) –, auch wenn es – wie etwa auch beim Thema Schöpfung – wenig Neues zu diesem Thema beiträgt. Die Angst vor magischen Handlungen und Vorstellungen, die übrigens mehr dem aufklärerischen Rationalismus als der biblischen Tradition entspringt, ist insofern unbegründet, als der Segen schon im Alten Testament weitgehend Gott unterstellt und damit der Magie entzogen ist.

3.2 Es ist festzuhalten, daß die Phänomene, die in der Bibel mit Segen bezeichnet werden, die unbändige Wachstumskraft bei Pflanzen, Tieren und Menschen, der unterschiedliche Arbeitserfolg, Reichtum, Wohlstand und Glück von Menschen, das biologische, ökonomische und politische Wachstum von Völkern und Nationen, auch heute noch ähnlich existieren wie zu biblischen Zeiten. Auch wenn die Möglichkeiten des Menschen, diese Kräfte zu beeinflussen oder gar zu manipulieren, heute sicher zugenommen haben, bleiben sie auch für uns nicht selten rätselhaft, und wir stehen ihnen auch heute noch oft hilflos gegenüber. Man denke nur an die Hilflosigkeit gegenüber der Aufgabe, regulierend in das Bevölkerungswachstum oder das Klima einzugreifen, die Schicksalhaftigkeit, mit der uns trotz aller ökonomischen Theorien in schöner Regelmäßigkeit wirtschaftliche Aufschwünge und Rezessionen überfallen, oder den letztlich unerklärlichen Tatbestand, warum einige Menschen in ihrem Leben mehr Glück haben als andere. Diesen ganzen Wirklichkeitsbereich, der eine wichtige Dimension im persönlichen, gesellschaftlichen und politischen Leben ausmacht, aus dem christlichen Leben ausschließen zu wollen, hätte notwendigerweise einen erheblichen Realitätsverlust zur Folge. Ich kann nur davor warnen, einige übertragene Verwendungen des Segensbegriffs im Neuen Testament, wo etwa in Eph 1,3 das Erlösungswerk Christi als »geistlicher Segen« verstanden wird, dazu zu mißbrauchen, sich theologisch der ganz irdischen Realität des mit dem Segensbegriff Gemeinten nicht zu stellen. Ohne das theologische Bedenken des Segens Gottes ist meiner Meinung nach weder eine christliche Wirtschaftsethik noch eine christliche Antwort auf die durch die moderne Genetik aufgeworfenen Fragen möglich.

3.3 Aus dem biblischen Befund möchte ich – ohne Anspruch auf Vollständigkeit – einige Punkte herausheben, die ich für unseren Umgang mit dem Segen Gottes für wichtig halte:

3.3.1 Wichtig ist die Unterscheidung von menschlichen Segenswünschen bzw. Segensritualen und dem Segen Gottes. Mag Gott auch Dinge segnen wie den siebten Tag (Gen 2,3; Ex 20,11), Felder (Gen 27,27), das Land (Dtn 26,15), seinen Ertrag (33,11) oder die Vorräte (28,8), in den menschlichen Segensritualen, auch in den kultischen, werden nur Menschen gesegnet, keine Dinge.

3.3.2 Segnen kann grundsätzlich jeder Mensch, wie die Grußformeln zeigen. Das Segnen als Aufgabe der

Priester ergibt sich aus ihrer Funktion im Gottesdienst, der Gemeinde als Mittler zu Gott gegenüberzutreten, es folgt nicht aus ihrem Amt oder ihrer Heiligkeit. Die Vorstellung, daß einige Menschen qua Amt und besonderer Fähigkeiten – wie der König oder der Gottesmann – auf besondere Weise zur Segnung qualifiziert sind, sind Reste magischer Vorstellungen, die im Alten Testament je länger, je mehr kritisch gesehen werden.

3.3.3 Die Wichtigkeit des Segens im Gruß scheint mir wert zu sein, wiederentdeckt zu werden. Wenn sich jedenfalls Christen beim Grüßen untereinander Segenswünsche zusprechen würden und sich dabei bewußt wären, daß sie durch gegenseitige Fürbitte füreinander Gemeinschaft untereinander stiften, sähe es in den Gemeinden heute anders aus. Das Gebot Jesu, auch den Fluchenden mit einem Segensgruß zu antworten (Lk 6, 28a), eröffnet eine großartige Möglichkeit, Feindesliebe im Alltag zu praktizieren.

3.3.4 Der besondere Segen, den Gott zuerst seinem Volk Israel und dann über Jesus Christus auch der Kirche verheißen und zugewandt hat, bleibt auf seine universale Segensgabe an alle Geschöpfe bezogen. Wir gehen mit diesem besonderen Segen nur dann verantwortlich um, wenn die Kirche zum Segen für andere wird.

3.3.5 Alle positiven Wachstumskräfte in Pflanzen, Tieren, Menschen, bei der Arbeit, in der Wirtschaft und auch in der Politik gehen auf die gute Segensgabe des Schöpfers zurück. Doch wäre es eine kurzschlüssige Segenstheologie, sie deswegen schon gutzuheißen und die bestehenden Verhältnisse religiös zu legitimieren. Durch die Bosheit der Menschen in ihrer Trennung von Gott wird der Segen ambivalent, er birgt gefährliche Konkurrenzkonflikte zwischen den Menschen und den Tieren, zwischen den Menschen untereinander und zwischen Völkern und Staaten. Segen steht dauernd in der Gefahr, in Fluch, Entsolidarisierung, Unrecht, gnadenlose Konkurrenzkämpfe, Verdrängung des Schwächeren durch den Stärkeren und massenhafte Lebensgefährdung umzuschlagen. Darum ist ein vor Gott ver-

antworteter Umgang mit dem Segen nötig, der an verschiedenen Stellen der Bibel auf verschiedenen Ebenen gewiesen wird.
Wesentlich ist dabei die Einsicht, daß Segen nur dann eine gute Gabe Gottes bleibt, wenn die Menschen, die ihn empfangen, ihn als unverdientes Geschenk Gottes ansehen, das darum eine soziale Verpflichtung enthält. Nur wenn die mehr Gesegneten den weniger Gesegneten von diesem Geschenk gern und reichlich abgeben, kann das Konfliktpotential, das der Segen zwischen Menschen, Klassen und Völkern schafft, zum Wohl aller gebändigt werden.
3.4 Stärker noch als schon in den alttestamentlichen Segensverheißungen wird durch Tod und Auferstehung Jesu Christi die vorfindliche ambivalente und häufig ungerechte und pervertierte Segensrealität transzendiert und umgewertet: Die Auferstehung Christi eröffnet eine Lebensperspektive, für die der Tod keine letzte Grenze mehr darstellt; das Kreuz Christi nimmt dem Fluch seine den Segen Gottes einschränkende und pervertierende Macht (Gal 3,13). Indem sich Gott voll mit Jesus solidarisierte, der den Weg der Niedrigkeit bis zur Lebenshingabe für andere ging, werden die traditionellen Segensgüter wie Wachstum, Wohlstand, Erfolg und Glück ein gutes Stück weit relativiert. Insofern hat das Kreuzeszeichen bei der gottesdienstlichen Segenshandlung durchaus seine Bedeutung.
Diese christliche Umwertung durchkreuzt sicher jede platte Segenstheologie, die selbstgefällig meint, am Maß von Wohlstand und Glück die Nähe Gottes zu diesem oder jenem Menschen ablesen zu können. Dies sei selbstkritisch zu einem Vulgär-Calvinismus gesagt. Christus ist vor allem den Menschen nahe, denen nach landläufiger Meinung der Segen Gottes versagt wurde, und er wird dies auch im Endgericht sein (Mt 25,34). Diese christliche Umwertung darf meiner Meinung nach aber nicht dazu führen, den traditionellen Segen Gottes mies zu machen und statt dessen Leid und Elend zu verherrlichen oder gar das Unrecht in der Verteilung der Segensgüter in dieser Welt theologisch zu legiti-

mieren. Recht verstanden, eröffnet der Glaube an die Auferstehung Jesu Christi den Armen, Kranken und Unterdrückten eine Möglichkeit, ihren scheinbaren Ausschluß vom Segen Gottes gerade nicht als gottgegeben und endgültig hinzunehmen. Und recht verstanden, radikalisiert der Glaube an die Auferstehung Jesu Christi gegenüber allen, die Gott mit reichen Segensgaben beschenkt, die Weisung der Tora Gottes, von diesen vorläufigen Segensgütern zugunsten des in Christus verheißenen eigentlichen Segens Gottes den Zukurz-Gekommenen reichlich abzugeben. Altes und Neues Testament ergänzen sich bei der Antwort auf die eingangs gestellten Fragen, wo wir Gottes Segen erfahren können und wie wir mit ihm verantwortlich umzugehen haben, gegenseitig und können uns nur zusammen zu einem rechten Verständnis des Segens anleiten.

»Birg mich im Schatten deiner Flügel!« (Psalm 17,8)

Kirchenasyl – wieder eine Christenpflicht?*

Liebe Freundinnen und Freunde,
liebe Schwestern und Brüder!

In diesem Jahr ist das Stichwort »Kirchenasyl« zu einem wichtigen Thema geworden, das breit in der Öffentlichkeit diskutiert wird. Politiker wie der Bundesinnenminister, Manfred Kanther, oder der Innenminister von Nordrhein-Westfalen, Herbert Schnoor, sahen sich genötigt, die Kirchen in scharfer Form vor Gesetzesbruch zu warnen: Die Kirche könne sich in einem freiheitlich-demokratischen Rechtsstaat keine Sonderrechte herausnehmen; Christen dürften sich nicht anmaßen, unter Berufung auf ihr Gewissen die gesetzlichen Entscheidungen zu unterlaufen. Dagegen haben Bischöfe und Kirchenführer, sowohl der katholischen als auch der evangelischen Kirche, die Entscheidung von Kirchengemeinden und christlichen Gruppen verteidigt, in konkreten Einzelfällen, wo Flüchtlingen, die abgeschoben werden sollen, ernste Gefahr an Leib oder Leben droht, diesen Kirchenasyl zu gewähren. In einem Gespräch zwischen Innenminister Schnoor und Hans-Martin Linnemann, dem Präses der Evangelischen Kirche von Westfalen, am 12.8.94 wurde inzwischen geklärt, daß das Kirchenasyl Flüchtlinge nicht verstecken, dem staatlichen Zugriff entziehen und damit die Gültigkeit der Gesetze für den Raum der Kirche bestreiten will, sondern daß es sich um ein »offenes Verfahren« handelt, um eine öffentliche Demonstration zum Schutz von Flüchtlingen, um dadurch »die Überprüfung von

* Vortrag in der Hilchenbacher Friedensdekade 1994.

Abschiebeurteilen in konkreten Einzelfällen« zu bewirken. Inzwischen haben sich auch kirchenleitende Gremien mit dem Kirchenasyl auseinandergesetzt. Die EKD hat im September zehn Thesen unter dem Titel »Beistand ist nötig, nicht Widerstand« veröffentlicht, in denen sie die Ansicht vertritt, es gebe kein Kirchenasyl als Rechtsinstitution, wohl aber eine Beistandspflicht des einzelnen Christen aus Gewissensgründen. Umstritten ist besonders ihre Erklärung in These 6: »Wo Hilfe in rechtswidriger Form, etwa durch das Verstecken von Ausländern vor Behörden gewährt wird, darf die Kirche nicht als handelnde und verantwortliche Institution in Anspruch genommen werden«. Solche Christen handelten auf eigenes Risiko und hätten nur Anspruch auf Begleitung durch die Kirche in Gebet und Seelsorge (These 7). Dem hat die Synode der Evangelischen Kirche im Rheinland im Oktober deutlich widersprochen: Die christliche Gemeinde als ganze sei berufen, »an der Seite des Elenden zu stehen, der keinen Helfer hat«, sie, nicht nur der einzelne Christ, sei Träger des Kirchenasyls und habe nach Apg 4,19: »Man muß Gott mehr gehorchen als den Menschen« nicht nur das Recht, sondern auch die Pflicht, »gegen die bestehenden Gesetze und Verwaltungsentscheidungen eines demokratischen Rechtsstaats zu handeln«, wenn dadurch Gottes Gebote und Gerechtigkeit mißachtet würden. Auf ähnliche Weise hat die Synode der Evangelischen Kirche von Westfalen erklärt, zwar beanspruche die Kirche »keinen rechtsfreien Raum«, es sei aber »Gebot Gottes, sich für das Recht des Gefährdeten und Schwachen einzusetzen«. Soweit zur öffentlichen Debatte.

Praktisch hat das Kirchenasyl in den vergangenen Jahren keine besonders große Rolle gespielt. 1993 kam bei einer Befragung heraus, daß in Deutschland 30 Gemeinden Kirchenasyl gewährten und 95 Gemeinden es schon mindestens einmal getan hatten, wobei ca. 1900 Flüchtlinge betroffen waren. Doch seit der Änderung des Grundgesetzes im Mai 1993, die das bis dahin bestehende Asylrecht stark aushöhlte, aber noch mehr seit dem damit eingeführten und wenig beachteten Asyl-

verfahrensgesetz, das ein beschleunigtes Anhörungs- und Abschiebeverfahren einführte, steigen die Fälle steil an. 1994 waren es schon rund 200 Gemeinden, die Kirchenasyl gewährt haben oder noch gewähren. Sie werden vielleicht von den spektakulären Fällen in Lendringsen, Brakel und Jena gehört haben, die durch die Presse gingen. An die Kirchengemeinde Lendringsen, deren Pfarrerin uns am Freitag berichten wird, haben sich seit Juni dreimal Flüchtlinge mit der Bitte um Kirchenasyl gewandt. Offenbar sind die kurzen und schematischen Anhörungen immer häufiger nicht in der Lage, das persönliche Lebensschicksal jedes einzelnen Asylsuchenden von staatlicher Seite aus mit dem Anspruch auf Rechtsstaatlichkeit zu würdigen. Mit Recht nennt die Synode der Evangelischen Kirche von Westfalen die Zustände in den Abschiebehaftanstalten »besorgniserregend«. Das heißt, daß sich unter der gegebenen Rechtslage die Frage des Kirchenasyls für jede Gemeinde ganz schnell und sehr konkret stellen kann. Auch unsere Kirchengemeinde Hilchenbach muß darüber nachdenken, was sie tun wird, wenn plötzlich eine Flüchtlingsfamilie, die durch Abschiebung an Leib und Leben bedroht ist, an die Tür des Pfarrhauses klopft und die Gemeinde um christlichen Beistand bittet.
Sich auf diesen nicht mehr auszuschließenden Ernstfall vorzubereiten, sollen die Veranstaltungen der diesjährigen Friedensdekade dienen. Dabei geht es heute Abend um die theologische und biblische Klärung und am Freitag um die Klärung der praktischen Fragen.

1 Das Kirchenasyl in der Kirchengeschichte. Ein Überblick[1]

In der gegenwärtigen Situation ist es vielleicht nützlich, daran zu erinnern, daß die Gewährung von Kirchenasyl weit über 1000 Jahre der Kirchengeschichte eine

1 Vgl. zum Folgenden *Klaus Barwig / Dieter R. Bauer* (Hg.), Asyl am Heiligen Ort, 1994, 47ff.

selbstverständliche Christenpflicht war, die die Kirche zäh gegen die Eingriffe des Staates verteidigte. Wer das Kirchenasyl verletzte, wurde mit der härtesten Kirchenstrafe, der Exkommunikation, bedroht. Schon im Jahr 441 erklärte das Konzil von Orange in Südfrankreich, »daß derjenige, der sich in eine Kirche flüchtet, nicht ausgeliefert werden solle, und zwar wegen der Ehrwürdigkeit des Ortes und der Beistandspflicht des Bischofs«. Dies galt mit nur wenigen Einschränkungen bis ins späte Mittelalter. Erst mit dem Ausbau einer geregelten staatlichen Strafverfolgung und der Ausbildung des modernen Staates, der das Gewaltmonopol für sich beanspruchte, wurde das Kirchenasyl ab Mitte des 16. Jahrhunderts immer weiter eingeschränkt und in den europäischen Ländern sukzessive abgeschafft, zuerst 1528 in Schweden, in Preußen aber erst 1794. Die katholische Kirche beanspruchte das Recht auf Kirchenasyl noch im *Codex Iuris Canonici* von 1917; erst in der Neufassung von 1983 wurde es aufgegegeben.

Alles Asylrecht, auch das später abgeleitete staatliche, hat religiöse Wurzeln. In Europa ist es ein Geschenk der griechischen und der jüdisch-christlichen Religion. Wie das Wort »Asyl« schon anzeigt, liegt eine der Wurzeln in der griechischen Religion: *asylos topos* bezeichnet den Ort, von dem man Personen und Sachen nicht wegführen darf, weil sie sich in einem Bannkreis des Heiligen befinden. Als »*asylon*«, als unverletzlich, galten in der griechischen Kultur schon frühzeitig die Heiligtümer, aus denen ein Schutzflehender nicht gewaltsam weggeführt werden durfte, was grundsätzlich für jeden Verfolgten galt. Typisch für die griechische Wurzel ist also die räumliche Vorstellung eines Schutzbereichs, die auch im christlichen Kirchenasyl wirksam werden sollte. Wichtiger für das Kirchenasyl der römischen Kirche wurde aber die jüdisch-christliche Wurzel aus dem Alten Testament, von der später noch die Rede sein soll: die Verpflichtung zur *intercessio*, d.h. zum Eintreten bzw. zur Fürbitte für die Schwachen und Bedrängten, die besonders dem Bischof oblag. Schon 343

wurde die Pflicht des Bischofs festgeschrieben, mit seiner Autorität für bedrängte Gemeindeglieder einzutreten. Um ihn auf ihren Fall aufmerksam zu machen, flohen meist Unterprivilegierte, Sklaven, Verschuldete, Strafverfolgte usw. in die Kirche; damit trat ein Zwischenzustand ein, währenddessen der Bischof mit den Herren, Kreditgebern oder staatlichen Stellen verhandelte, um für seinen Schützling eine Besserung der Lage (z.B. Verkauf des Sklaven an einen anderen Herrn) oder Milderung des Strafmaßes (z.B. Geldstrafe statt Leibesstrafe) zu erreichen.
Immer wieder wurde von staatlicher Seite der Versuch unternommen, bestimmte Personengruppen vom Asylrecht auszunehmen, und die Kirche hat das teilweise akzeptiert, um Mißbräuche zu verhindern (im hohen Mittelalter etwa Straßenräuber, Piraten, Verwüster von Äckern und diejenigen, die einen Mord in der Kirche selbst begehen), aber generell kann man feststellen, daß die Kirche trotz erheblicher Belastungen das Kirchenasyl erstaunlich weit offengehalten hat: Es wurde keineswegs nur Christen, sondern auch Heiden, Juden und sogar Häretikern, soweit es nicht ihre Häresie betraf, gewährt.
Mit der breiten Praktizierung des Kirchenasyls hat die Kirche in Westeuropa ganz wesentlich zur Erhöhung der Rechtssicherheit und zu einer Humanisierung des Rechts beigetragen. In den politisch turbulenten Zeiten nach dem Zusammenbruch des Weströmischen Reiches, als die jungen Völker Europas noch nicht in der Lage waren, ein funktionierendes staatliches Justizsystem zu organisieren, war sie mit ihrem Kirchenasyl die einzige Institution, die von Gewalt und Unrecht Bedrohten Rechtsschutz gewähren konnte. Besonders gelang es ihr, durch das Kirchenasyl die Exzesse privater Strafverfolgung, wie sie etwa in der Blutrache bei den Germanen üblich waren, einzudämmen und die Todesstrafe zu begrenzen. So hat die Kirche durch ihr Asylinstitut entscheidend dazu beigetragen, daß ein allein am Vergeltungsdenken orientiertes, höchst grausames Strafsystem aufgebrochen und ihm Elemente einer an

der Barmherzigkeit orientierten christlichen Gerechtigkeitsvorstellung eingepflanzt wurden.
Das Kirchenasyl ist also eine respektable kirchliche Tradition, auf die wir auch heute noch durchaus stolz sein können. Die Macht der Kirche in früheren Jahrhunderten ist häufig kritisiert worden, und an vielen Stellen durchaus zu Recht. Doch daß sie an dieser Stelle ihre Macht für die Schwachen einsetzte, gereicht ihr zur Ehre. Ja, daß sie sogar die uneingeschränkte Verpflichtung auf sich nahm, Menschen, die sich zu ihr flüchteten, fast ohne Ansehen der Person vor der unmittelbaren Verfolgung zu schützen und mit ihrer Autorität für sie einzutreten, um ihr Überleben zu sichern, muß uns heute, wo wir Christen so schnell an unserer scheinbaren Ohnmacht verzagen, nachdenklich stimmen.

2 Asyl im alten Israel

Daß sich das Kirchenasyl zu einer so festen und dauerhaften Institution entwickeln konnte, ist vor allem darin begründet, daß der Kirche im ersten Teil der Heiligen Schrift Asylregelungen als Weisungen Gottes vorgegeben waren. Das Alte Testament ist eine, ja die wesentliche Wurzel des Kirchenasyls. Ich will darum auf diese biblische Grundlage etwas genauer eingehen:
Israel kannte – wie andere Völker des antiken Vorderen Orients auch – schon seit alters die Möglichkeit, daß sich ein Verfolgter ins Heiligtum flüchtet, die Hörner des Altars umfaßt, um sich vor dem gewaltsamen Zugriff seines Verfolgers zu retten. Ein solcher Brauch ist schon in der frühen Königszeit belegt: Der seinem Bruder bei der Thronnachfolge unterlegene Adonia und der in Ungnade gefallene Heerführer Joab fliehen ins Jerusalemer Heiligtum, um möglichen Racheakten Salomos zu entgehen (1Kön 1,50–53; 2,28–35). Dabei geht es wohl noch nicht um ein länger dauerndes Tempelasyl, sondern um einen demonstrativen Akt, der den Verfolger zwingen soll, seinen beabsichtigten

Gewaltakt zu überdenken. Vorausgesetzt ist dabei die Scheu, einen Menschen im heiligen Bezirk umzubringen, die aber, wie das Beispiel der Ermordung Joabs zeigt, auch beiseitegeschoben werden konnte.
Aus diesem vorgegebenen Brauch hat Israel seit dem 8. Jahrhundert Schritt für Schritt ein differenziertes Asylrecht im Namen Gottes entwickelt. So heißt es in der ältesten Gesetzessammlung, dem »Bundesbuch« (Ex 21, 12–14):

(12) Wer einen Menschen schlägt, daß er stirbt,
soll unbedingt getötet werden.
(13) Hat er (ihm) allerdings nicht aufgelauert,
sondern Gott ist es gewesen,
der es seiner Hand hat widerfahren lassen,
so will ich dir eine Stätte bestimmen,
zu er der fliehen kann.
(14) Wenn einer sich aber gegen seinen Nächsten erhitzt hat,
um ihn mit böser Absicht zu töten,
so sollst du ihn von meinem Altar wegholen, daß er sterbe.

Das Tempelasyl wird hier als eine von Gott geschenkte Institution eingeführt, um eine rechtliche Differenzierung von Mord und Totschlag zu ermöglichen und im Strafvollzug zu sichern. Diese Differenzierung, die einen gewaltigen Schritt in Richtung auf eine Humanisierung des Strafrechts bedeutete, wird hier überhaupt zum ersten Mal in der Menschheitsgeschichte gemacht. Bei den anderen Völkern des Vorderen Orients finden sich nur Ansätze dazu, eine vergleichbare Parallele einzig bei den Griechen (Drakon) ein Jahrhundert später. Man spürt deutlich an den noch tastenden Formulierungen »nicht aufgelauert«, sondern »Gott hat es seiner Hand widerfahren lassen« bzw. »mit böser Absicht«, wie hier erstmals versucht wird, eine Straftat nicht allein von ihrem Ergebnis (V. 12), sondern auch von der Absicht und den Motiven des Täters her zu definieren. Auch unser modernes Strafrecht tut dies ja noch ganz ähnlich, wenn es Mord aus »Heimtücke« und »niedrigen Beweggründen« vom Totschlag unterscheidet (StGB, § 211f).

Vorausgesetzt ist bei dieser Asylregelung, wie man aus den späteren Texten Dtn 19,1–13 und Num 35,9–34 ersehen kann, daß die Strafe für die Tötung eines Menschen – ähnlich wie bei den Germanen – noch durch Blutrache der geschädigten Sippe vollzogen wird. Ziel des Tempelasyls ist es nicht – wie bei den Griechen –, den Straftäter generell dem Zugriff des Bluträchers zu entziehen, sondern den Automatismus der Blutrache zu unterbrechen und dadurch eine nochmalige rechtliche Überprüfung des Falles möglich zu machen. Dabei wird vorausgesetzt, daß es unverfügbare Elemente im menschlichen Leben gibt (»Gott hat es seiner Hand widerfahren lassen«), für die der Täter nicht haftbar gemacht werden kann und die vom Gericht berücksichtigt werden müssen, damit es zu einem gerechten Urteil kommt.
In den späteren Asylregelungen läßt sich andeutungsweise erkennen, wie sich diese rechtliche Überprüfung vollzieht: Es werden Älteste der Asylstadt genannt, die eine Vorprüfung übernehmen (Jos 20,4); es sind Älteste der Stadt beteiligt, in der die Straftat geschah (Dtn 19,12). In Num 35 ist es die ganze Gemeinde des zentralen Heiligtums, die den Fall – sicher unter dem Einschluß von Priestern und Richtern – neu aufrollt und das Urteil fällt, ob der Asylant dem Bluträcher ausgeliefert werden oder dauerndes Asyl gewährt bekommen soll.
Wie sehr es im Alten Testament beim Asyl um die Durchsetzung von Gerechtigkeit geht und welche geringe Rolle dabei die Unverletzlichkeit des Heiligtums spielt, die in der griechischen Konzeption so wichtig ist, zeigt sich daran, daß nach der Zentralisierung allen Jahwekultes in Jerusalem der Asylort vom Heiligtum getrennt werden konnte: Es wurden zuerst drei und dann sechs Asylstädte im ganzen Land bestimmt, in die sich der rechtlich Verfolgte flüchten kann (Jos 20–21). Grund für diese Regelung war die Sorge darum, daß der Verfolgte den Asylort schnell genug erreichen kann, um dem Bluträcher zu entkommen (Dtn 19,6). Es konnten also auch ganz profane Orte sein, an denen

Asyl gewährt wurde. Das erleichterte den Asylsuchenden besonders dann, wenn ihr Fall positiv beschieden war, ihre weitere Existenz ganz erheblich: Sie erhielten in den Asylstädten Häuser zugewiesen (Jos 20,4) und konnten dort leben und arbeiten. Nach der späteren Regelung Num 35,28 hatte der Asylant bis zum Tod des amtierenden Hohenpriesters in der Asylstadt zu bleiben, wahrscheinlich weil der neue bei Amtsantritt eine Amnestie erließ. Dann konnte er unbehelligt in seinen Wohnort zurückkehren.

Allerdings ist aus einigen Psalmen zu schließen (Ps 23, 6; 61,5), daß das zentrale Jerusalemer Heiligtum weiterhin Asylort blieb. Aus Num 35,25, wo es heißt, daß die Gemeinde den Asylsuchenden im Falle eines positiven Urteils »in die Asylstadt zurückbringen soll, in die er geflohen ist«, geht zumindest sicher hervor, daß das entscheidende Gerichtsverfahren in Jerusalem vor der Gemeinde sozusagen im Angesicht Gottes stattfand. Das ist auch der Hintergrund des gleich auszulegenden Psalms 17.

Aus den Psalmen, in denen ein Verfolgter um Gottes Rechtsbeistand fleht, wird auch erkennbar, daß sich das Asyl in Israel offenbar keineswegs auf den Fall von Mord und Totschlag beschränkte, wie man aufgrund der Gesetzestexte annehmen könnte. Diese regeln nur den sozusagen gravierendsten Fall. Es ist anzunehmen, daß auch in anderen Fällen, in denen sich Menschen ungerechter Behandlung oder Strafverfolgung ausgesetzt sahen, diese Asyl suchten, seien es nun mißhandelte Sklaven oder Beisassen, Lohnarbeiter, die man des Diebstahls bezichtigte, oder Kleinbauern, denen drohte, in die Schuldknechtschaft gepreßt zu werden, d.h. Personen minderen Rechts, denen es sonst unmöglich war, die gegen sie erhobenen Vorwürfe zu entkräften und ihre Unschuld zu erweisen und die mit der Flucht in eine Asylstätte die nochmalige Überprüfung ihres Falles erzwangen. Dem entspricht es, daß in Israel das Asyl auch und gerade Personengruppen minderen Rechts, den Fremden und den Beisassen, offenstand (Num 35,15).

Ps 17 gehört zu der Gruppe von Psalmen, die in der Forschung häufig mit dem Asylinstitut in Verbindung gebracht werden (wie Ps 5; 7; 11; 23; 26; 61). Zwar ist nicht völlig sicher, ob sie noch direkt im Asylverfahren verankert sind (so W. Beyerlin) oder ob sie sich schon ein Stück weit von diesem institutionellen Hintergrund gelöst haben und zu allgemeineren Gebeten geworden sind, die auch bei anderer Gelegenheit gesprochen werden konnten.
Dennoch läßt sich Ps 17 sehr wohl als ein Gebet verstehen, das ein Asylsuchender vor der Urteilsverkündigung im gerichtlichen Überprüfungsverfahren im Tempel gesprochen hat. Aus V. 14 wird erkennbar, daß es sich um einen Menschen handelt, der in seinem Leben schon oft Hunger gelitten hat. Da die Frevler (V. 9.13) auch in vielen anderen Texten der Bibel die reichen Großgrundbesitzer bezeichnen (vgl. V. 10: 'Mit Fett' haben sie 'ihr Herz' verschlossen), handelt es sich wohl um den Fall eines verarmten Kleinbauern, der von jenen hohe Kredite hat aufnehmen müssen, die er nun nicht zurückzahlen kann, weswegen ihm die Schuldknechtschaft droht – ein in vielen Texten des Alten Testamentes häufig bezeugter Fall (Am 2,6f; Neh 5 u.ö.). Doch nun zum Text:

(1) Höre, Jahwe, eine gerechte Sache (*ṣædæq*),
achte auf mein Schreien,
vernimm mein Flehen mit Lippen ohne Trug!
(2) Von dir gehe mein Recht (*mišpāṭī*) aus,
deine Augen mögen sehen, was recht ist (*mešārīm*)!

Der Asylsuchende hebt an mit einer Bitte an Gott um Rechtshilfe. Er ist um sein Recht gebracht worden, sei es nun, daß man ihn fälschlicherweise angeklagt und verurteilt hat, sei es, daß man seine Lebensumstände, die ihn in diese ausweglose Lage getrieben haben, nicht berücksichtigte. Seine reichen Gegner waren in den normalen Ältestengerichten so einflußreich, daß sie ihn einfach an die Wand gespielt haben. So appelliert er an Gott als die letzte Rechtsinstanz, von der er noch Gerechtigkeit erwarten kann (»Von dir gehe mein Recht aus«); er vertraut darauf, daß Gott die falschen Anschuldigungen durchschauen wird, im Wirrwarr der Beschuldigungen und Unschuldsbeteuerungen sieht, »was recht ist« (V. 2).

Man hat aufgrund solcher Formulierungen auf ein »Gottesgericht« rückschließen wollen (W. Beyerlin); doch hat es in Israel »Gottesurteile« (Ordale) nur in sehr beschränktem Maß gegeben in Fällen, wo eine Entscheidungsfindung durch ein menschliches Gericht nicht möglich war (Ex 22,7.10; Num 5,12ff; vgl. Jos 7,14ff; 1Sam 14,30ff). Sie müssen diesen Appell an Gott im Hinblick auf das im Tempel tagende menschliche Revisionsgericht verstehen, daß Gott dem Asylanten in diesem Verfahren Recht schaffe durch gerechte Urteilsfindung, daß er die Ohren der Richter öffne und sie von seiner Unschuld überzeuge.

Das heißt aber: Das ganze Institut des Asyls mit der Verpflichtung zur Wiederaufnahme des Verfahrens beruht auf der Einsicht, daß Gottes Gerechtigkeit alle menschliche Rechtsfindung relativiert und daß es darum möglich sein muß, in Fällen, wo jemand sich um sein Recht gebracht sieht, noch einmal genau nachzuforschen und ein Urteil zu fällen, das dem göttlichen Anspruch an Wahrheit und Gerechtigkeit besser gerecht wird.

(3) Du hast mein Herz geprüft,
hast mich heimgesucht in der Nacht.
Du hast mich erprobt, nichts wirst du finden.
Ich habe beschlossen, daß mein Mund sich nicht vergehe.
(4) Bezüglich des Treibens der Menschen –
mit Hilfe des Wortes deiner Lippen habe ich gemieden
die Pfade des Gewalttäters.
(5) 'Sicher liefen' meine Schritte auf deinen Gleisen,
nicht wankte mein Tritt.

Der Asylsuchende bekennt Gott noch einmal seine Unschuld. Ob sich das Prüfen, Heimsuchen und Erproben Gottes auf die Voruntersuchungen in der Gerichtsverhandlung zurückbezieht oder – da es nachts geschieht – eher an eine ganz persönliche Gewissensprüfung zu denken ist, der er sich von Gott her ausgesetzt sieht, ist nicht ganz sicher zu entscheiden und braucht auch kein Gegensatz zu sein. Deutlich ist zumindest, daß sich der Asylsuchenden hier vor Gott und der Gemeinde äußerster Wahrhaftigkeit verpflichtet weiß. Doch auch in dieser letzten Ehrlichkeit vor Gott fühlt er sich subjektiv unschuldig (V. 3a). Trotz aller Anfeindungen hat er seinen Mund in Zucht genommen, will etwa seine Gegner nicht beschuldigen oder verwünschen (V. 3b). Gestützt auf Gottes Wort, hat er sich trotz aller wirtschaftlichen Not nicht an die üblen Machenschaften derjenigen, die ihn beraubt haben, angepaßt, hat sich dagegen gewehrt, kriminelle Wege einzuschlagen (V. 4), sondern ist auf dem durch Gottes Gebote gewiesenen Weg geblieben (V. 5). So bittet er Gott um Schutz vor seinen übermächtigen Rechtsgegnern:

(6) Ich aber rufe dich hiermit an, daß du mir antwortest, Gott!
Neige dein Ohr zu mir, höre meine Rede!
(7) Wunderbar erweise deine Huld,
Retter derer, die Zuflucht suchen (*ḥosīm*)
vor denen, die sich gegen deine Rechte erheben!
(8) Behüte mich wie einen Augapfel,
birg mich im Schatten deiner Flügel (*bĕṣēl kĕnāfækā tastīrēnī*)
(9) vor den Frevlern, die mich hart bedrängen,
meinen Feinden, die mich gierig umringen.

Er appelliert dabei an den Gott, der sich immer wieder als Retter derer erwiesen hat, die bei ihm Zuflucht gesucht haben (V. 7). Das Verb *ḥāsā* bezeichnet auch sonst das sich Bergen bei Gott in der Not, so wie sich ein kleines Kind bei seiner Mutter birgt, wenn es Angst hat (Ps 7,2; 11,1; 16,1; 25,20; 31,2; 71,1; 148,8; 144, 2). Hier ist es der Schutz vor solchen, die sich gegen Gottes gebietende Hand erheben, etwa seine sozialen Schutzgebote mißachten und sich selbst als Gott aufspielen (V. 7b). Den kleinen Bauern, der für niemanden mehr zu zählen scheint, soll Gott so sorgsam behüten wie einen Augapfel (V. 8a). Vor Gott besteht die Chance, daß auch der Schwächste und Bedeutungsloseste wichtig genommen wird. Gott möge ihn so beschützend unter seine Flügel nehmen, wie eine Vogelmutter ihre Schwingen über ihre Jungen breitet, um sie vor gierigen Angreifern zu verbergen (V. 7b; vgl. Dtn 32,11).

So schön wie diese Metapher beschreibt keine andere die Schutzfunktion Gottes. Es ist nicht ganz sicher, ob sie von der Architektur des Jerusalemer Tempels abgeleitet ist, wo im Allerheiligsten der Thron Gottes von zwei Keruben gebildet wurde, die mit ihren inneren Schwingen die Lade beschirmten (1Kön 8,7). Doch wird vom Bergen unter den Flügeln Gottes an mehreren Stellen im Zusammenhang mit dem Tempel gesprochen (Ps 36,8; 61,5; vgl. 63,8; 91,4), so daß eine Verbindung mit dessen Asylfunktion naheliegt (Ps 61,5):

Ich will als Fremdling weilen in deinem Zelt für ewig,
will mich bergen im Versteck deiner Flügel.

Das bedeutet aber: Die rechtliche Institution des Asyls findet ihre tiefste theologische Begründung in der schützenden Zuwendung Gottes zu denen, die in ihrer Verzweiflung zu ihm fliehen und sich bei ihm bergen wollen. Sie beruht nicht auf der Heiligkeit des Ortes, sondern auf Gottes barmherziger Liebe. Damit diese schützende Zuwendung Gottes für in Rechtsnot geratene Menschen real erfahrbar wird und eine Chance erhält, sich gegen harte menschliche Interessen in der Gesellschaft zu verwirklichen, darum bedurfte es der Rechtsinstitution des Asyls in Israel. Darin besteht auch die Würde jedes Kirchenasyls, in welcher Form auch immer: Platzhalter der Liebe Gottes auf Erden zu sein.

In der anschließenden Feindklage führt der Asylsuchende noch einmal sehr drastisch vor Augen, welcher Bedrohung er sich durch seine Rechtsgegner ohnmächtig ausgeliefert fühlt:

(10) 'Mit Fett' haben sie 'ihr Herz' verschlossen,
mit ihrem Munde reden sie im Stolz.
(11) Unsere Schritte – jetzt haben sie mich umringt,
ihre Augen richten sie darauf, (mich) zu Boden zu strecken.
(12) Er gleicht einem Löwen, der nach Beute lechzt,
einem Junglöwen, der im Hinterhalt lauert.

Ihr Wohlstand hat sie mitleidslos und für seine Nöte unerreichbar gemacht (V. 10a). Sie reden stolz über ihn hinweg, als ob sie nicht selber in die gleiche Lage kommen könnten (V. 10b). Es gab durchaus gemeinsame Schritte des Zusammenlebens, aber jetzt scheinen sie nur noch entschlossen, ihn niederzumachen (V. 11). Sie lauern ihm auf wie nach Beute lechzende Löwen (V. 12). Das alles sind höchst subjektive Wahrnehmungen aus der Ohnmachtssituation heraus. Objektiv wollten die Rechtsgegner nur ihr Recht – als Großgrundbesitzer etwa einen Gegenwert für die geschuldeten Kredite. Aber ich frage mich, ob nicht auch heute Asylsuchende uns, denen auch häufig das Fett die Herzen verschließt, subjektiv ähnlich erleben, wenn sie die Mühle des Asylverfahrens durchlaufen.

(13) Erhebe dich, Jahwe, tritt ihm entgegen! Wirf ihn nieder!
Rette mein Leben vor dem Frevler mit deinem Schwert,
(14a) vor den Leuten, Jahwe, mit deiner Hand,
vor den Leuten, die im Leben eine gesicherte Grundlage haben (?)!
(14b) Aber deine Schutzbefohlenen (*sĕfūnkā*),
ihren Leib mögest du füllen, (ihre) Kinder mögen satt werden
und noch ihren Kindern übrig lassen!

Schließlich bittet der Asylsuchende Gott, mit aller seiner zur Verfügung stehenden Macht (Schwert, Hand) gegen seine übermächtigen Feinde einzuschreiten (V. 13.14a). Nur so kann ein Ausgleich zwischen ihnen, den Leuten mit gesicherter Lebensposition, und ihm, in seiner Armut und Ungesichertheit, erreicht werden, der dann auch ein gerechtes Urteil möglich macht. Er bittet zugleich für die anderen, die wie er bei Gott Schutz gesucht haben (V. 14b), daß Gott ihren Bauch füllen möge, ihre Kinder satt werden und selbst noch etwas

für ihre Enkel übrigbleibt. Dies kann wohl nur einer formulieren, zu dessen täglicher Lebenserfahrung der Hunger gehört und der sich ständig darum sorgen muß, wie er seine Familie satt bekommt. Es gab offenbar noch mehr Asylsuchende, denen es ähnlich erging wie ihm. Diese bis in die Tiefe des nackten Überlebens reichende Not muß bei allen Sätzen dieses Gebets um Gottes Asyl mitgehört werden.
Am Ende streckt sich der Asylsuchende auf Gottes Rettung hin aus; er vertraut mit allen Kräften, daß Gott sein Gebet erhört.

(15) Ich aber werde in Gerechtigkeit (*bĕṣædæq*) dein Angesicht schauen,
ich will mich sättigen beim Erwachen an deiner Gestalt!

Ich verstehe die singuläre Formulierung »in Gerechtigkeit dein Angesicht schauen« so, daß der Asylsuchende darauf vertraut, daß am nächsten Morgen, wenn das Urteil in seinem Überprüfungsverfahren gesprochen wird, ihm Gerechtigkeit widerfährt und er darin des gütigen Antlitzes Gottes ansichtig wird. Der Asylsuchende, der nicht nur nach Nahrung, sondern auch nach Recht hungert, wird sich dann an Gottes Gestalt sättigen können.
Normalerweise wird im Alten Testament nicht von Gottes Gestalt (*tĕmūnā*) gesprochen, dagegen spricht das Bilderverbot (Dtn 5,7). Wenn hier dennoch diese theologisch bedenkliche Redeweise verwendet wird und auch nicht korrigiert wurde, dann geschieht es wohl aus dem Grund, die ganz besondere Nähe Gottes auszudrücken, die sich in dem erhofften gelungenen Asylverfahren ereignet. Wo es durch das Asylrecht gelingt, der barmherzigen Gerechtigkeit Gottes Raum zu geben und einem Entrechteten zu helfen, da kommt Gott wahrnehmbar nahe.
Für uns christliche Leser dieses Psalmverses ist es berechtigt, in dieser geheimnisvollen sichtbaren Gestalt Gottes Jesus Christus zu sehen, in dem Gottes Barmherzigkeit für uns ganz konkrete Gestalt gewonnen

hat. Damit gilt aber: Wo es durch ein Kirchenasyl gelingt, der barmherzigen Gerechtigkeit Gottes in unserer allzuoft mitleidslosen Gesellschaft Raum zu schaffen, und das heißt für Flüchtlinge, die sich hilfesuchend an die Kirche wenden, eine nochmalige genaue und wohlwollende rechtliche Überprüfung ihres Falles zu erreichen, da scheint das Antlitz unseres Herrn Jesus Christus wahrnehmbar auf.

Sicher wird man genau überlegen müssen, wie Kirchenasyl unter den gegenüber der Antike und dem Mittelalter gewandelten Verhältnissen eines demokratischen Rechtsstaats aussehen kann, aber es von vornherein in jeder Form ausschließen zu wollen, würde verhindern, daß Jesus Christus an einem kritischen Punkt unserer gesellschaftlichen Realität für die Hilfesuchenden, aber auch für die Öffentlichkeit real wahrnehmbar wird. Können wir aber das wollen?

»Gott der Rache, erscheine!«

Predigt über Psalm 94,1–23*

Liebe Studentinnen und Studenten, liebe Freundinnen und Freunde, liebe Gemeinde!

Als Herr Nast mich einlud, in diesem Semesterabschlußgottesdienst, der auch zugleich mein Abschiedsgottesdienst hier an der Siegener Hochschule sein soll, die Predigt zu halten, sagte er, ich solle einen Text nehmen, der mir in meiner Siegener Zeit wichtig geworden sei. Ich überlegte ein wenig und kam auf den 94. Psalm. Bei allen, die bei dieser Gelegenheit, wo der Streß des Semesters zu Ende geht und wir in die Freiheit der Ferien auseinanderstreben, ein mildes, ein versöhnliches, ein aufbauendes Wort erwartet haben, muß ich mich sogleich entschuldigen. Ps 94 ist ein harter, beim ersten Hören sogar erschreckender Text unserer Bibel:

(1) Gott der Rache, Jahwe,
Gott der Rache, erscheine!
(2) Erhebe dich, Richter der Welt!
Vergelte das Tun der Hochmütigen!

(3) Wie lange sollen die Frevler, Jahwe,
wie lange sollen die Frevler noch triumphieren?
(4) Sie prahlen, reden frech,
es brüsten sich alle Übeltäter.
(5) Dein Volk, Jahwe, zertreten sie,
dein Erbe bedrücken sie.
(6) Witwe und Fremdling töten sie,
und Waisenkinder morden sie

* Abschiedspredigt an der Universität-Gesamthochschule Siegen am 10.7.95.

(7) und denken: Jahwe sieht es nicht,
und nicht bemerkt es der Gott Jakobs.

(8) Nehmt Vernunft an, ihr Tierischen im Volk!
Und ihr Toren, wann wollt ihr klug werden?
(9) Der das Ohr gepflanzt hat, der sollte nicht hören,
und der das Auge geformt hat, der sollte nicht sehen können?
(10) Der Völker züchtigt, der sollte nicht strafen,
der Menschen belehrt, der sollte ‘ohne’ Kenntnis sein?
(11) Jahwe kennt die Gedanken der Menschen,
(weiß), daß sie nichtig sind.

(12) Glücklich der Mann, den du erziehst, Jahwe,
und aus deiner Tora belehrst,
(13) um ihm Ruhe zu schaffen vor böser Zeit,
bis daß dem Frevler eine Grube gegraben wird!
(14) Ja, Jahwe wird sein Volk nicht verstoßen
und sein Erbe nicht verlassen!
(15) Ja, zur Gerechtigkeit wird sich (einmal) das Recht hinkehren,
und hinter ihm (werden alle stehen), die aufrechten Herzens sind.

(16) Wer steht für mich auf (im Streit) mit den Bösewichtern?
Wer steht mir bei (in der Auseinandersetzung) mit den Übeltätern?
(17) Wäre Jahwe nicht Hilfe für mich gewesen,
fast hätte ich im (Reich des) Schweigens gelegen.
(18) Wenn ich dachte, (jetzt) wankt mein Fuß,
dann hat deine Liebe, Jahwe, mich gestützt.
(19) Bei der Fülle beunruhigender Gedanken in meinem Innern
haben deine Tröstungen mich fröhlich gemacht:
(20) »Darf sich der Thron des Frevels mit dir verbrüdern,
der Elend schafft gegen das Gesetz?
(21) Sie veranstalten Kriegszüge gegen das Leben Unschuldiger
und verurteilen unschuldig Blut.«
(22) Aber Jahwe wurde mir zum Fluchtort
und mein Gott zum Fels meiner Zuflucht.
(23) Er wird ihre Tücke vergelten
und sie um ihrer Bosheit willen vernichten,
vernichten wird sie Jahwe, unser Gott.

»Darf man so beten?« werden sich viele von uns erschreckt fragen. Unseren biblischen Gott, dessen un-

endliche Liebe uns Jesus Christus geoffenbart hat, anzuflehen, er solle als Gott der Rache erscheinen – ist das nicht reine Blasphemie? »Typisch alttestamentlich« höre ich einige im stillen sagen, bei dem einen oder der anderen mit einem verächtlichen Unterton. Aber auch ich, der ich das Alte Testament lehre und liebe, muß mir die Frage gefallen lassen: Ist der Rachegott von Ps 94 durch Jesus Christus nicht ein für allemal überholt, ihn anzurufen für Christen keine Möglichkeit mehr?
Ich darf Euch vielleicht einmal erzählen, was für eine Geschichte ich mit Ps 94 gehabt habe. Es ist eine etwas längere Geschichte, und es wird – auch hier muß ich mich gleich wieder entschuldigen – eine längere Predigt. Das haben Abschiedspredigten nun einmal so an sich; auch als Mose dazu auf dem Berg Nebo anhob, redete er 33 lange Kapitel. Ich bin nicht Mose, darum ist das, was ich zu sagen habe, etwas kürzer.
Wie auf viele Texte der Bibel bin ich, der ich aus einem relativ wenig christlich geprägten Elternhaus komme, erst aus wissenschaftlichem Interesse auf Ps 94 gestoßen. Ich war gerade dabei, die Existenz einer eigenständigen persönlichen Frömmigkeit in Israel nachzuweisen. Als junger Familienvater, der gerade durch eine dramatische Krankheit seines Kindes mit der abgrundtiefen Gefährdung menschlichen Lebens konfrontiert worden war, war ich fasziniert, daß es schon im alten Israel eine Frömmigkeit in den Familien gegeben hat, in der sich der bedrohte einzelne Mensch in seiner Angst ganz direkt, ohne Umwege über den Tempel oder die offiziellen Bekenntnisse Israels unter den Schutz seines persönlichen Gottes flüchten konnte, um aus seiner schützenden Nähe Hoffnung zu gewinnen.
So ruft etwa der Beter des 22. Psalms in seiner Not und Gottverlassenheit Gott entgegen:

(10) Ja, du bist es doch, der mich aus dem Mutterleib zog,
mir Vertrauen einflößte an meiner Mutter Brust!
(11) Auf dich bin ich geworfen von Mutterleib an,
vom Leib meiner Mutter an bist du doch mein Gott!
(12) Sei nicht ferne von mir, denn die Not ist nahe ...

Die Vertrauensbeziehung zu seinem Gott, die der Leidende hier in seiner Angst aktiviert, ist von geradezu kreatürlicher Massivität: Gott, wenn du mich wie eine Hebamme aus dem Mutterleib ins Leben zogst und mir an meiner Mutterbrust Lebensmut einflößtest, wie kannst du mich jetzt den Todesmächten preisgeben?
Mich bei Gott wie ein Kind bei seiner liebenden Mutter so direkt und unbedingt bergen zu können, abseits aller großen Theologie, wurde mir für meinen persönlichen Glauben sehr wichtig. Und es war für mich eine beglückende Erfahrung, als mir Ingo Baldermann aus seiner Schulpraxis berichtete, welche entängstigende und Hoffnung stiftende Kraft diese Bekenntnisse der Zuversicht in den Psalmen bei Kindern entfalten können.
Auch der Beter von Ps 94 spricht massiv von seiner persönlichen Frömmigkeit. Der ganze Schlußteil seines Gebets ab V. 16 ist ein regelrechter Vertrauenspsalm, in dem er sich – rückblickend – des Schutzes und Beistandes Gottes versichert, den er in seiner Not erfahren hat und immer noch erfährt:

(17) Wäre nicht Jahwe Hilfe für mich gewesen,
fast hätte ich im (Reich) des Schweigens gelegen.
(18) Wenn ich dachte, (jetzt) wankt mein Fuß,
dann hat deine Liebe, Jahwe, mich gestützt ...
(24) Aber Jahwe wurde mir zum Fluchtort
und mein Gott zum Fels meiner Zuflucht.

Immer wieder hat er in seiner Bedrängnis sein geballtes Vertrauen auf seinen Gott gesetzt, oft schien er schon am Ende zu sein, gestrauchelt und verstummt am Rand des Todes, doch immer wieder hatte Gott ihn auf wunderbare Weise gestützt, ihm geholfen und bei ihm Zuflucht geboten.
Das alles beobachtete ich mit freudiger Anteilnahme; und dennoch wollte Ps 94 nicht in meine Theorie der persönlichen Frömmigkeit passen. Was sollten die Verse 3–7, die an die Klage des Volkes erinnern, was sollten die Belehrungen V. 8–11, was sollte die Eingangsbitte

V. 1f an den Gott der Rache, wo sich doch der Beter persönlich in V. 18 ganz auf den stützenden *ḥæsæd* Jahwes, seine Liebe und Freundlichkeit, berufen hatte? War hier nicht doch die persönliche Frömmigkeit auf das Volk Israel und seine Nöte bezogen?
So buchte ich, eher ärgerlich, Ps 94 erst einmal als Ausnahme ab und behandelte ihn in meinem Buch nur ganz am Rand.
Was diese scheinbare Ausnahme positiv bedeutet, wurde mir erst klar, als ich 1983 ins Siegerland gekommen war. Auch vorher war ich schon – wenn auch mit der typischen akademischen Reserve – in der Friedensbewegung aktiv gewesen. Hier aber traf ich auf Kollegen, die sich voll auf die politischen und theologischen Auseinandersetzungen eingelassen hatten, die damals nach dem Nachrüstungsbeschluß mit Heftigkeit geführt wurden.
Von ihrem Beispiel angestoßen, engagierte ich mich in dem Arbeitskreis Friedensdekade im heimischen Hilchenbach, um dort – zumindest im kleinen Rahmen einer Ortsgemeinde – gegen den Wahnsinn der Atomrüstung, die Gotteslästerung der Apartheid in Südafrika und den menschenverachtenden Zynismus deutscher Flüchtlingspolitik zu streiten. Dabei zogen wir uns natürlich schnell die zum Teil heftigen Aggressionen großer Gruppen in der Kirchengemeinde zu. Zuweilen standen wir gegenüber ihren Angriffen und Verleumdungen mit dem Rücken zur Wand.
Damit war ich aber ungefähr an dem Punkt angekommen, an dem der Beter des 94. Psalms schon 2500 Jahre früher angelangt war. Plötzlich verstand ich sein Gebet existentiell. Für unsere kleine Gruppe und auch für mich stellte sich wie für ihn die bedrängende Frage: Wieweit hält die persönliche Vertrauensbeziehung zu Gott für den durch, der sich im politischen Bereich in den Streit um Gottes Sache eingelassen hat, dabei aber fast notwendigerweise auf massive Ablehnung stößt und herbe Niederlagen einstecken muß?
Die Auseinandersetzung hebt damit an, daß der Beter von Ps 94 zu den ungerechten Zuständen in der Ge-

sellschaft seiner Zeit nicht mehr schweigen kann und will. Er leidet an ihnen und nimmt sie in seine Klage vor Gott hinein:

(3) Wie lange sollen die Frevler, Jahwe,
wie lange sollen die Frevler noch triumphieren?
(4) Sie prahlen, reden frech,
es brüsten sich alle Übeltäter.
(5) Dein Volk, Jahwe, zertreten sie,
dein Erbe bedrücken sie.
(6) Witwe und Fremdling töten sie,
und Waisenkinder morden sie
(7) und denken: Jahwe sieht es nicht,
und nicht bemerkt es der Gott Jakobs ...
(21) Sie veranstalten Kriegszüge gegen das Leben Unschuldiger
und verurteilen unschuldig Blut.

Die Frevler mißhandeln die Gemeinde, besonders die kleinen Leute. Sie exekutieren die Gesetze gnadenlos, etwa das antike Kreditrecht, und verurteilen eigentlich unschuldige Leute und treiben damit die schwachen Randgruppen in den Ruin. Völlig unsensibel gegenüber dem menschlichen Leid, das sie produzieren, protzen sie auch noch mit ihrer Macht und stellen stolz die Effektivität ihres mörderischen Handelns zur Schau. Was Gott dazu sagt, ist ihnen völlig gleichgültig, ja sie rechnen nicht einmal mehr damit, daß Gott sieht, was sie treiben.
Das alles stellt unser Beter Gott klagend vor Augen: Wie lange, o Gott, soll denn der Menschen mordende Triumph dieser Leute noch andauern? Wie lange, o Gott, dürfen sie das Recht und die Gerichte mißbrauchen, ihre Schuldner plündern und sie in ihrer Existenz vernichten? Wie lange, o Gott, dürfen sie frech deine Göttlichkeit leugnen?
Liebe Gemeinde, wir werden der Not, über die der Beter des Psalms hier klagt, nicht gewahr, wenn wir uns unter den Leuten, gegen deren Machenschaften er streitet, ausgemachte Bösewichte vorstellen, über die man sich zu Recht entrüsten muß. Nein, die Leute, die er mit dem Schimpfwort »Frevler« belegt, weil sie sich

seiner Meinung nach von der Solidaritätsethik der Tora verabschiedet haben, waren durchaus wohlhabende und angesehene Mitglieder der judäischen Gesellschaft der nachexilischen Zeit, die zum Teil hohe Führungspositionen in der Zivil- und Tempelverwaltung einnahmen. In Neh 5,7 heißen sie z.B. die »Vornehmen und Ratsherren«. Das Grauenvolle der Not besteht darin, daß es sich im einzelnen um durchaus honorige Personen handelt, die jedoch als Gruppe in ihrer Machtposition eine strukturelle Gewalt ausüben, die verheerend wirkt. Es erfordert erhöhte Wachsamkeit, sie überhaupt wahrzunehmen, und erhebliche Risikobereitschaft, sie aufzudecken.
Leider ist solche durch strukturelle Gewalt verursachte Not auch heute noch erschreckend gegenwärtig, selbst in einem relativ wohlgeordneten Staatswesen wie der Bundesrepublik Deutschland. Ich möchte Ihnen das an einem akuten Fall demonstrieren, der mich die ganze letzte Woche in Atem gehalten hat:
Letzten Montag wandte sich eine albanische Familie aus dem Kosovo verzweifelt hilfesuchend an einen der Hilchenbacher Pfarrer. Was war passiert? Der Vater kam vor 18 Jahren als Gastarbeiter nach Deutschland und besitzt seit langem die Aufenthaltsberechtigung. Drei Kinder sind ihm hier geboren worden, die jetzt 11, 14 und 15 Jahre alt sind. Da er – vor dem Bürgerkrieg in Jugoslawien – durchaus plante, einmal wieder in seine Heimat zurückzukehren, hatte er sich entschlossen, die Kinder im Kosovo zur Schule zu schicken; ihre Betreuung übernahm die Schwiegermutter. Die Kinder besuchten ihre Eltern in den Ferien, es gab bei der Ein- und Ausreise jahrelang keine Schwierigkeiten.
Nun starb überraschend die Schwiegermutter im März dieses Jahres. Überstürzt fuhr der Vater zur Beerdigung und nahm seine Kinder, die dort keine Betreuungsperson mehr hatten und deren Schule von den Serben geschlossen worden war, kurz entschlossen nach Deutschland mit. Bei diesem Besuch hatten ihm die serbischen Behörden willkürlich den Paß abgenommen, den er nur mit großen Schwierigkeiten und durch die Bezah-

lung einer Bestechungssumme zurückerhielt. Er fühlte sich in Restjugoslawien bedroht. Nur schnell mit den Kindern zurück nach Deutschland!
Zu Hause angekommen, schulte er seine Kinder in Hilchenbach ein und dachte, alles sei nun in Ordnung; die Kinder würden in seinen Paß eingetragen und könnten hier in Sicherheit leben. Er wußte nicht, daß Deutschland inzwischen das Ausländerrecht verschärft hatte und er noch in Serbien die Einreisevisa für seine Kinder hätte beantragen müssen. Das Ausländeramt des Kreises sah darum die Einreise der Kinder als illegal an und suchte den Vater zu bewegen, mit den Kindern nach Belgrad zu fahren, um dort die Beantragung der Visa nachzuholen. Doch er hatte Angst vor neuen Willkürakten der Serben und weigerte sich. Darauf verfügte das Ausländeramt die Abschiebung der drei unmündigen Kinder bis zum Ende dieses Monats.
Kann das sein, so fragten wir uns, daß eine Deutsche Behörde zwar nicht Waisenkinder mordet, aber Kinder gewaltsam ihren Eltern entreißt, künstlich zu Waisen macht und in eine völlig undurchsichtige Bürgerkriegsregion zurückschickt, wo sie niemand mehr haben, der sich um sie kümmern kann? Das kann doch wohl nicht wahr sein! Unser Pfarrer glaubte an einen Computerfehler.
Ich übernahm die Aufklärung des Falles. Es war kein Computerfehler. Der zuständige Beamte war in die Ferien gefahren; der Leiter des Amtes gab Auskunft: Die Einreise der Kinder sei eindeutig illegal; man habe sich geärgert, daß der Vater sich so stur gezeigt habe, darum habe man ihm durch die Ausweisungsverfügung auf die Sprünge helfen wollen. Jetzt seien doch bald Schulferien, da könne der Vater doch leicht eine kleine Urlaubsfahrt nach Belgrad machen. Auf meine Vorhaltung, mit den Ausweisungsstempeln im Paß der Kinder sei doch die Lage für den Vater als Angehörigem einer unterdrückten Minderheit in Serbien noch risikoreicher, meinte er nur, da habe er eine andere Einschätzung, das sei auch nicht seine Verantwortung, schließlich habe sich der Vater dies alles selbst zuzu-

schreiben. Im übrigen könne er ja auch eine andere deutsche Botschaft im Ausland aufsuchen.
Ich verhandelte mit dem Vater. Er erklärte sich bereit, wenn es denn sein müsse, nach Luxemburg oder zur Not auch nach Bern zu fahren. Doch die deutsche Botschaft in Luxemburg erklärte sich als nicht zuständig; seit dem Schengener Abkommen sei Luxemburg nicht mehr Ausland im Sinne des Ausländergesetzes.
Ich verhandelte mit der deutschen Botschaft in Bern. Zuständig sei zwar Belgrad, wurde mir gesagt, aber mit Rücksicht auf die Familienzusammenführung sei man bereit, eine Ausnahme zu machen, nur müßten die Schweizer Behörden ein Einreisevisum erteilen. Voll Hoffnung rief ich den Schweizer Generalkonsul in Düsseldorf an: Er hörte sich den komplizierten Fall freundlich an, um mir dann mitzuteilen: Nein, Kosovo-Albaner erhielten grundsätzlich kein Einreisevisum in die Schweiz. Er sehe auch keinen Grund, warum die Schweizer Behörden bei der Durchführung des deutschen Ausländergesetzes behilflich sein sollten, immerhin zeigten sich ja auch die deutschen Behörden, nachdem die Schweizer Bevölkerung den EG-Beitritt abgelehnt hätten, wenig kooperationsbereit.
Also alles vergebens? Ich sackte in mich zusammen und spürte eine ohnmächtige Wut in mir aufsteigen: über die Abgeordneten aller Parteien des Deutschen Bundestags, die mit Rücksicht auf die Fremdenfeindlichkeit in der Bevölkerung ein teilweise absurdes Ausländerrecht produziert haben, in dem sie eine Ausnahmeregelung für unmündige Kinder schlichtweg vergaßen; über die Beamten eines Ausländeramtes, die sich über die Sturheit eines verängstigten Vaters geärgert hatten und ihn einmal richtig die Knute des Gesetzes spüren lassen wollten; über die Botschaftsangehörigen, die ein wenig eifersüchtig auf zwischenstaatliche Zuständigkeiten achteten. Sie alle handelten durchaus in politischer Verantwortung, nach Gesetzen oder höheren staatlichen Interessen, und produzieren doch ein zum Himmel schreiendes Unrecht, das eine Familie in den Ruin zu treiben droht. Grauenvoll!

(1) Gott der Rache, Jahwe,
Gott der Rache, erscheine!
(2) Erhebe dich, Richter der Welt!
Vergelte das Tun der Hochmütigen!
(3) Wie lange sollen die Frevler, Jahwe,
wie lange sollen die Frevler noch triumphieren?
(4) Sie prahlen, reden frech,
es brüsten sich alle Übeltäter.
(5) Dein Volk, Jahwe, zertreten sie,
dein Erbe bedrücken sie.
(6) Witwe und Fremdling töten sie,
und Waisenkinder morden sie
(7) und denken: Jahwe sieht es nicht,
und nicht bemerkt es der Gott Jakobs.

Es scheint also auch heute noch Situationen zu geben, wo dieser auf den ersten Blick erschreckende Psalm das angemessene Wort ist, wo er auch von Christen, die entschlossen sind, das Rad der Unrechtsmaschinerie aufzuhalten, und dabei auch immer mitüberrollt werden, gebetet werden kann und gebetet werden muß.
Nach meiner Erfahrung kann Ps 94 gleich in mehrfacher Hinsicht hilfreich sein, mit solchen Niederlagen im Kampf für Gerechtigkeit fertig zu werden.
Jeder weiß, welche Wut- und Rachegefühle einem in einer solchen Situation wie der eben geschilderten durch den Kopf schwirren; und ich gestehe, auch mein Kopf war in der letzten Woche voll davon. Daß ein Psalm wie dieser in unserer Bibel steht, kann uns trösten, daß wir uns dessen nicht zu schämen brauchen. Wut über das Unrecht, das den Schwachen zertritt, und Rache über die, die es verursachen, sind nichts Unrechtes; wir dürfen sie vor Gott bringen, und dazu leiht uns Ps 94 die Sprache.
Dabei können die Verse 1 und 2 dazu dienen, unsere dumpfen Emotionen zu klären: Es kann nicht darum gehen, daß wir die Frustrationen über unsere Niederlage in diesem Kampf selber rächen, es kann auch nicht darum gehen, daß Jahwe unsere Rache an den Gegnern vollzieht, damit wir über sie triumphieren. Es geht vielmehr darum, daß wir Gott ganz allein die Rache anheim-

stellen: Er möge als der Gott sichtbar werden, der seine Gerechtigkeit durchsetzt, das Leid der Geknechteten rächt und als Richter der Welt den selbstherrlichen Verursachern des Unrechts ihr Tun vergilt. Wie Gott rächt und vergilt, ist seine Sache. Unsere Sache ist nur, ihn dazu zu bewegen, daß er eindeutig für die Opfer des Unrechts Partei ergreift und ihr Lebensrecht gegen die Unrecht-Täter durchsetzt.
Wir stehen in unserem Kampf zum Glück nicht allein da, die Rache Gottes entlastet uns von unseren Rachegefühlen. Wir gewinnen in der Aufgewühltheit unserer Emotionen wieder einen klaren Kopf: Wir können dem Unrecht widerstehen, ohne die Unrecht-Täter zu hassen. Vielmehr können wir diese mit der Rache Gottes im Rücken wieder als Menschen wahrnehmen, die wie auch wir in bestimmten Zwängen stehen, die auch ihre Ängste und ihre Emotionen, ihre Schwächen und Stärken haben, um sie auf ihre Grenzen, aber auch auf ihre Ermessensspielräume anzusprechen. Es scheint mir nicht zufällig zu sein, daß auch der altisraelitische Beter, nachdem er seine Rache auf Gott gewälzt hat, die harte, aber sachliche Auseinandersetzung mit seinen Gegnern aufnimmt (V. 8–11) und das Gespräch nicht abbricht.
Wichtiger noch als die emotionale Klärung am Anfang scheint mir die Vergewisserung der persönlichen Gottesbeziehung im Schlußteil des Psalms zu sein. Der theologische und politische Streit um Gerechtigkeit erfordert viel Seelenstärke und Glaubenskraft. Er ist über längere Zeit nur durchzuhalten, wenn der, der ihn führt, darauf vertrauen kann, Gott dabei an seiner Seite zu haben:

(16) Wer steht für mich auf (im Streit) mit den Bösewichtern? Wer steht mir bei (in der Auseinandersetzung) mit den Übeltätern?

Ohne den Beistand Gottes wäre der Streit aussichtslos. Aber genau dieses Vertrauen auf Gottes Beistand kann, wie jeder weiß, der in seinem Kampf für Gerechtigkeit Niederlagen hat hinnehmen müssen, durch solche Erfahrungen erheblich erschüttert werden. Der israelitische Beter spricht von beunruhigenden Gedanken, die in seinem Innern aufgestiegen sind. Die gesellschaftliche Not wird ihm zur persönlichen Glaubensnot:

(20) Darf sich denn der Thron des Frevels mit dir verbrüdern,
der Elend schafft gegen das Gesetz?

Dürfen denn alle Institutionen Gott für sich vereinnahmen, auch wenn es sich um »Throne des Frevels« handelt? Dürfen alle Menschen, die öffentliche Funktionen übernommen haben, Gott als Beistand für sich in Anspruch nehmen, auch wenn sie Unrecht und Elend in der Gesellschaft schaffen? Kann sich jeder Mensch, nur weil er Gottes geliebtes Geschöpf ist, jovial mit Gott verbrüdern (es steht hier der Wortstamm *ḥābar* wie in dem Lied *šālōm ḥăbērīm*), egal was er tut, oder wenn er sogar gegen Gottes Gesetz handelt?
Indem er so fragt, protestiert der Beter mit Leidenschaft gegen die ideologische Vereinnahmung Gottes und gegen den Mißbrauch der persönlichen Frömmigkeit, in der die Täter scheinbar selbstverständlich den gleichen Beistand Gottes für sich in Anspruch nehmen wie die Opfer und die, die für diese eintreten. Er berichtet davon, daß Jahwe ihn in seiner Haltung bestätigt hat, indem er ihm immer wieder helfend beistand und Schutz bot, als sein Einsatz um Gottes Gerechtigkeit zu scheitern drohte. Auch in dieser Anfechtung hat er ihn getröstet und fröhlich gemacht. Er, der sich auf den Kampf um Gottes Gerechtigkeit eingelassen hat, setzt sein ganzes Vertrauen darauf, daß Gott ihm und nicht etwa seinen Gegnern beisteht.
Was jedoch gibt ihm die Berechtigung, zwischen seinem legitimen Gottvertrauen und der illegitimen Inanspruchnahme Gottes durch die Frevler zu unterscheiden: Davon spricht unser Psalm in der grundsätzlichen Selbstvergewisserung, V. 12–15:

(12) Glücklich der Mann, den du erziehst, Jahwe,
und aus deiner Tora belehrst,

(13) um ihm Ruhe zu schaffen vor böser Zeit,
bis daß dem Frevler eine Grube gegraben wird.

Die erste hilfreiche theologische Klärung schafft Jahwe selber durch seine Tora. Wer sich von Jahwe durch seine Tora belehren läßt, sich etwa durch deren soziale Gebote sensibilisieren läßt für das Unrecht in der Gesellschaft und sich hinüberziehen läßt auf den Weg der Gerechtigkeit Gottes, der hat einen sicheren Grund gefunden, auf dem er ausruhen kann, bis die Frevler mit ihrem Rechtsmißbrauch zu Fall gekommen sind.
In Gottes Tora heißt es zum Beispiel (Ex 23,9):

Die Fremdlinge sollt ihr nicht unterdrücken,
denn ihr wißt, wie den Fremdlingen zumute ist,
weil ihr selber Fremdlinge in Ägypten gewesen seid.

So klar, so unkompliziert, so human ist Gottes Tora. Wer sich von ihr belehren läßt, ist immun gegenüber den Scheinplausibilitäten der Politiker, Beamten und Botschafter: Ausländer müßten abgeschreckt werden, die Rechtslage sei nun einmal so, und im übrigen sei man nicht zuständig. Sich nur einmal hineinzuversetzen in die Lage der Ausländer, das reicht, um in Dankbarkeit gegenüber der von Gott erfahrenen Rettung zu wissen, was zu tun ist. Die Klarheit, die Gott für unser Verhalten gibt, und die Eindeutigkeit seines Beistands für die, die seinen Willen tun, entsprechen einander.
Die zweite hilfreiche Klärung schafft Jahwe durch seine Verheißung:

(14) Ja, Jahwe wird sein Volk nicht verstoßen
und sein Erbe nicht verlassen!
(15) Ja, zur Gerechtigkeit wird sich (einmal) das Recht hinkehren,
und hinter ihm (werden alle stehen), die aufrechten Herzens sind!

Gott hat seinem Volk zugesagt, es nie zu verstoßen oder zu verlassen; das gilt unbedingt und ohne jede Einschränkung und ist durch Jesus Christus noch einmal bekräftigt worden. Nur, sein Volk ist weder ganz

Israel noch die ganze Kirche, sondern sind nach V. 5 nur die, die Unrecht haben leiden müssen, und wohl auch die, die im Geist der Tora Gottes für sie gegen das Unrecht eintreten.
Des weiteren hat Gott zugesagt, daß einmal der verheerende Bruch zwischen Recht und Gerechtigkeit geheilt sein wird, also nicht mehr die Durchführung des positiven Rechtes Unrecht produziert, worüber der israelitische Beter und wir so geklagt haben. Dann wird das Recht nur noch von solchen getragen sein, die reinen Herzens sind. Dies wird nach unserem christlichen Glauben erst dann geschehen, wenn Jesus Christus die Herrschaft Gottes aufrichten und mit den Heiligen seiner Gemeinde Recht sprechen wird. Doch damit ist eine Hoffnungsperspektive eröffnet, die dem Eintreten für die Entrechteten und dem Widerstand gegen das Unrecht Raum, Legitimation und Zukunft schafft.
Ja, wer sich durch Gottes Tora zur Sensibilität für das oft verdeckte strukturelle Unrecht in der Gesellschaft erziehen und sich von Gottes Verheißung einer Versöhnung von Recht und Gerechtigkeit leiten läßt, der kann auch in der Gegenwart beim Streit um Gerechtigkeit des Beistandes und Schutzes Gottes gewiß sein, auch wenn er momentan scheitert.
Ich habe diese Predigt ganz persönlich begonnen und will sie auch ganz persönlich beenden:
Ich habe in den zwölf Jahren meines Lebens im Siegerland vor allem dreierlei gelernt und möchte das an Euch weitergeben:
1. Politischer Einsatz um die Sache Gottes in der Öffentlichkeit und persönliche Frömmigkeit, Andacht und Gebet müssen miteinander verbunden sein. Ohne tatkräftiges Engagement für Gottes Gerechtigkeit, für Frieden und die Bewahrung seiner Schöpfung wird auch persönlicher Glaube hohl oder sogar illegitim; ohne ein immer wieder neues Sich-Bergen in Gott verliert auch das größte Engagement seine Seele und seinen Atem.
2. Die massiven unbedingten Heilszusagen unserer Bibel gelten nicht für alle in gleicher Weise, sondern

vor allem den Armen und Entrechteten und denen, die sich für sie einsetzen.

3. Was Glaube an Jesus Christus heißt, das läßt sich nicht theoretisch erörtern, sondern erweist sich erst, wenn wir uns auf Gottes Tora und seine Verheißungen einlassen.

Und schließlich: Auch ich habe in dem eben geschilderten Fall aus dem Beten von Ps 94 die Konsequenzen gezogen: Ich habe mich nicht entmutigen lassen, sondern den Schweizer Botschafter in Bonn um Hilfe gebeten. Vielleicht rührt Gott ja sein Herz an, damit dieses Unrecht aus der Welt geschafft werden kann. Ein erster Hoffnungsschimmer hat sich aufgetan. Eben vor dem Gottesdienst rief mich der Schweizer Botschafter an. Er könne mir nichts versprechen, aber ...

Oh Gott, hab Dank – und hilf noch ein bißchen weiter! Amen.

Ein Nachwort:

Drei Wochen nach dieser Predigt durfte die kosovo-albanische Familie in die Schweiz einreisen und erhielt von der Deutschen Botschaft in Bern die Visa für die drei unmündigen Kinder, die ihren Aufenthalt in Deutschland legalisierten. Allen Verantwortlichen, die dies schließlich doch noch in großer Kooperationsbereitschaft ermöglicht haben, gilt ihr und auch mein Dank.

Der Gott der Rache ist erschienen, aber mit dem versöhnenden Antlitz Jesu Christi. Halleluja!